ニコイチ幸福学

研究者夫妻がきわめた
最善のパートナーシップ学

慶應義塾大学大学院研究員
前野マドカ

慶應義塾大学大学院教授
前野隆司

CCCメディアハウス

ニコイチとは
パートナーシップのこと。
ニコイチは
人間関係の最小単位である。

もくじ

第2章 「幸福学」の基礎知識

第5章 ニコイチから世界へ――広がる幸せの輪

終章 ニコイチとはなんだったのか?

序章

なぜ、いまニコイチなのか？

ニコイチとは
My better half と
ともに歩むこと

結婚しなくても幸せになれるこの時代に

２０１７年に、あるテレビＣＭのコピーが話題になりました。

結婚しなくても幸せになれるこの時代に、
私は、あなたと結婚したいのです。

リクルート発行の結婚情報誌「ゼクシィ」のＣＭで使われたコピーです。メディアがこぞってこのＣＭを取り上げ、ちょっとした社会現象になりました。宣伝会議が主催する「ブレーン広告グランプリ」にも選ばれました。なぜこんなに、みんなの心に響いたのでしょう？

「ゼクシィ」は結婚式場を探したり、結婚までの準備のイロハを知るときに便利な情報誌です。結婚式を控えた女性が主な購買層です。２０１７年以前にも、テレビでずっとＣＭが流れていたので、結婚の予定がない人にもその名は広く知られています。結婚することに対して煮え切らない態度の男性に、女性が「ゼクシィ」を見せることでプレッシャーをかける、などという話も冗談半分にささやかれたりするほど、誰もが知る雑誌です。そんな「結婚へのファーストステップ」を象徴する存在であるメディアが「結婚しなくても幸せになれる」と言い切ったことは画期的でした。

結果としてこの「ゼクシィ」のコピーは、結婚したい人にも、そして未婚者にも好意的に受け入れられました。「ゼクシィ」のＣＭについて月刊「ブレーン」（２０１８年１月号）に寄せられた声をいくつか引用してみます。

- 結婚の価値を上げたキャッチコピーだと思います（20代女性・広告会社）
- 現代の社会環境を踏まえながら、誰も傷つけず、ゼクシィのターゲットである結婚を控えた人に強く響くメッセージになっている。そのバランス感覚が他になく秀でているし、メッセージで社会に広くアプローチす

る旧来型広告の強さも改めて思い知らされました（30代男性・広告会社）

●昔の価値と過去の価値観の両方を否定していないから（20代男性・大学生）

いま、結婚に対する個人のスタンスは多様化しています。結婚、未婚、事実婚とさまざまな選択肢があります。パートナーも異性が相手だとはかぎりません。自由です。素敵です。

まだまだ制度上の制約はあるものの、**個人が自分の意思で自由に生きかたを選択できるようになってきたのは素晴らしい**ことです。そんななかで、「結婚してパートナーと生きる人生」を一つの選択肢として肯定した「ゼクシィ」のコピーは、結果として「結婚の価値を上げた」ということなのでしょう。

「結婚しない」派は増えているのか？

このように生きかたの選択肢が増えていることも影響しているのか、近年は、結婚したいと思う人が減ってきているともよく言われます。

マクロミルが15～39歳の男女1000人に実施した調査によると、結婚したくないと答えた人は227人でした。その理由は次のとおりです（複数回答）。

①　一人が楽だから
②　結婚のメリットが見出せないから
③　一人でも不自由がないから
④　自分の経済力に不安があるから
⑤　同じ相手と一生暮らせないと思うから
⑥　人を好きにならないから
⑦　結婚式や披露宴がわずらわしいから

グラフ化すると左ページのようになります。④のなかには「経済力があれば結婚したい」という人がいそうですし、⑦のなかには「結婚式や披露宴をしないならば結婚してもいい」という人も含まれそうです。⑦には「結婚ではなく事実婚

■ 結婚したくない理由

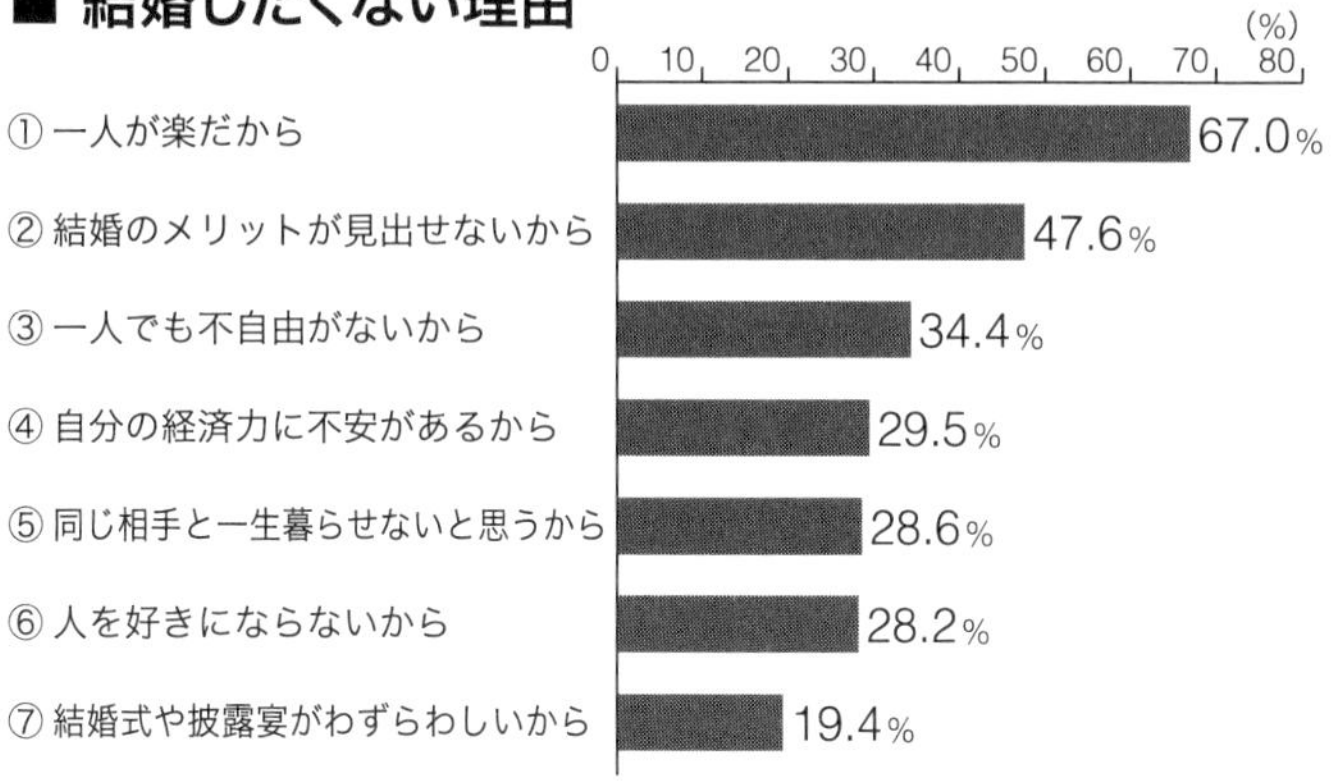

出典：マクロミル「結婚状況把握調査（2018年実施）」より

なら」という人もいるそうです。しかし、④と⑦以外は、結婚するよりも独身でいたい、結婚する意味を感じないという、「結婚しない」ということに対する積極的な理由です。

最近では結婚しないことに対する積極的な態度を突き詰めた言葉として「嫌《けん》婚《こん》」という言葉もあります。「嫌婚」とは、「結婚するのを嫌がる」という意味です。どちらかというと男性に適用される言葉で、結婚を嫌がる男性は「嫌婚男子」などと言われます。結婚したくない人自身が「自分は嫌婚派だ」というふうに使ったりもします。「嫌婚」

には、**結婚「できない」のではなく「しない」**のだ、というニュアンスがあります。

同様に、ソーシャルメディアなどで「私は結婚しません。なぜなら……」と、公に結婚しない意思を表明している人も増えています。こうした意思表示からもまた、結婚してもいいと思っているけど機会がない、といった消極的理由ではなく、積極的理由で非婚を選択していることがうかがえます。

念のために数字でも確認しておきましょう。

国立社会保障・人口問題研究所が行った「第15回出生動向基本調査（2015年）」という18歳から34歳の未婚者を対象にした調査によると**「一生結婚するつもりはない」と答える未婚者は緩やかに増え続けています。**2005年時点では、男性が7・1％、女性が5・6％でしたが、2015年になると、男性では12・0％、女性では8・0％という数字です。なるほど、一見結婚への憧れが失われてきているかのように見えます。しかし、これだけで社会全体の風潮を語ることはでき

■ 結婚したい理由

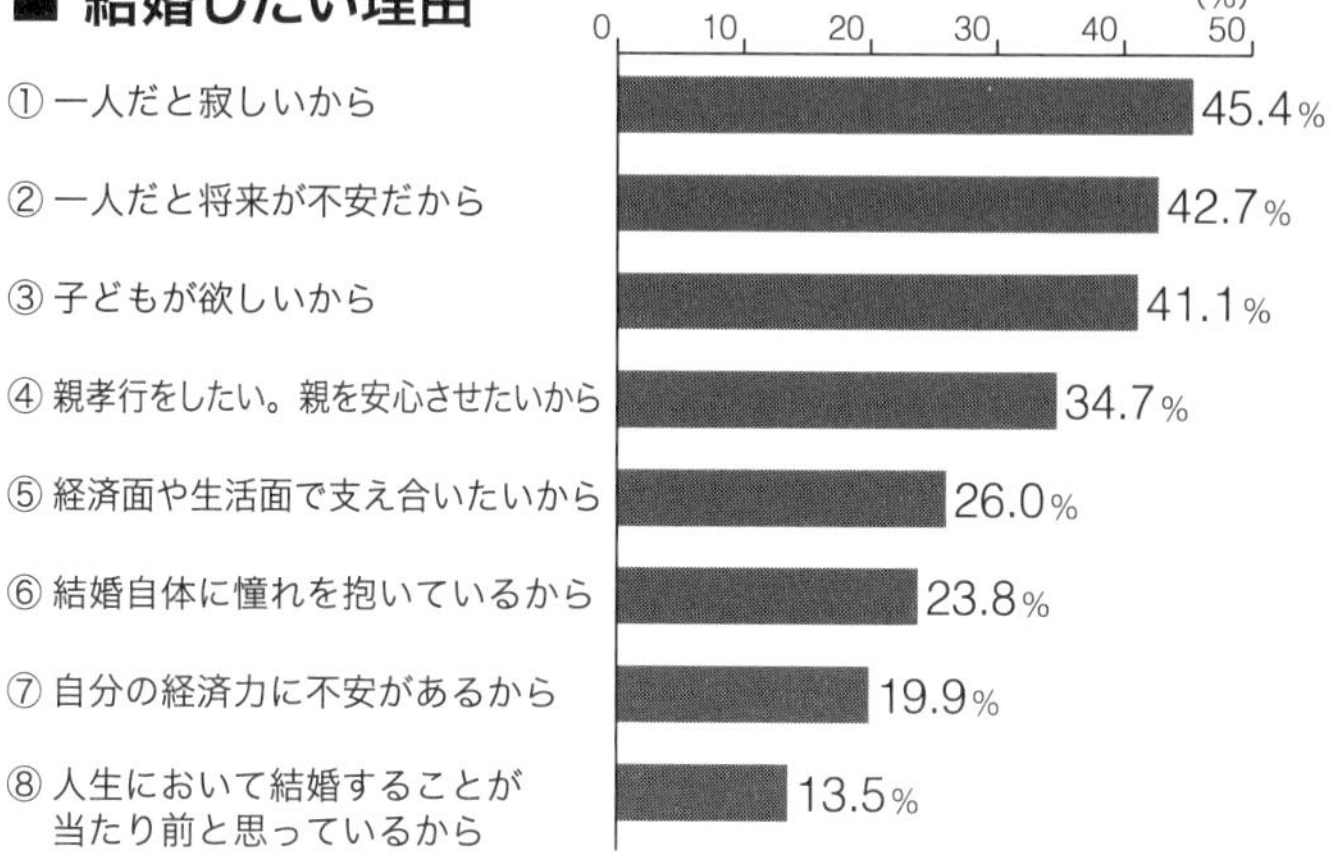

出典：マクロミル「結婚状況把握調査（2018年実施）」より

ません。

先ほどのマクロミルが行った1000人調査で「いますぐ結婚したい」「いずれは結婚したい」と答えた人は合計で77・3％（773人）でした。結婚肯定派はいまでも高い水準を保っていることがわかります。

理由も見てみましょう。

① 一人だと寂しいから
② 一人だと将来が不安だから
③ 子どもが欲しいから
④ 親孝行をしたい。親を安心させたいから
⑤ 経済面や生活面で支え合いた

いから

⑥　結婚自体に憧れを抱いているから

⑦　自分の経済力に不安があるから

⑧　人生において結婚することが当たり前と思っているから

面白いのは⑧です。「適齢になれば結婚する」「結婚するのは当たり前」という価値観はわりと昔風です。結婚をめぐる価値観が多様化している現代ですが、保守的な考えの人もいまだに一定数存在しているということがわかります。

結婚したくない層に注目が集まりがちなのは、「結婚したい」と思うことが目新しい価値観ではないせいかもしれません。あえて話題にするまでもないということでしょうか。「結婚するつもりはない」という選択をする人はたしかに増えてきています。しかし、**いまでも「結婚したい」と考えている人が圧倒的に多い**のだということを心に留めながら先に進みましょう。

「結婚したい」人は結婚すると幸せになれると思っている

念のために「第15回出生動向基本調査（2015年）」でも確認してみます。すると、この調査でもやはり「いずれ結婚するつもり」と答えた人が男性では85・7％、女性では89・3％と非常に高い割合でした。

それでは、果たして圧倒的多数派である「結婚したい」人というのは、なぜ結婚したいのでしょうか？　あるいは、すでに結婚している人はなぜ結婚したのでしょうか？

マクロミルの調査でも示されたように、好きな人とずっと一緒にいたいから、子どもがほしいから、経済的な安定を得やすいから、などいろいろな理由があると思います。

しかし、ただ一つはっきりしていることがあります。あらゆる理由をひっくるめたもっと大きな視点での理由と言ってもいいかもしれません。
かなり結婚願望が強い人にせよ、漠然といずれは結婚しようと思っている人にせよ、**結婚したい人とは、「結婚するともっと幸せになれる」と考えている人**であるということです。

結婚したい人は結婚することで現状よりももっといい未来が待っていると予測しています。既婚者に聞いても、不幸になるために結婚した人など、ほぼいません。結果として、うまくいかず、関係を解消するということがあるにもかかわらず。

では、なぜ多くの人は結婚すると幸せになれると思っているのでしょうか？　果たして結婚すると本当にもっと幸せになれるのでしょうか？　そもそも幸せとはなんなのでしょうか？　幸せになるとはどういう状況になることなのでしょうか？

結婚しただけでは自然と不幸になる

NICOICHI

科学的な話をします。

研究によると、未婚、既婚、離婚、死別の幸福度を比較すると、

既婚＞死別＞未婚＞離婚

の順になっていることが知られています。あくまで平均値であり、全員がそうというわけではありませんし、そもそもこの分けかた自体、古い分けかたとも言えますが。

また、**一般的には、結婚すると幸福度が上がり、それから3年くらいはエンドルフィンというホルモンが出る**ことが知られています。エンドルフィンは「脳内麻薬」とも言われ、鎮痛作用や気持ちを落ち着かせる効果があります。

エンドルフィンが出ている間は、本能的にハイテンションな状態です。いわゆる「ラブラブ」の状態。しかし、エンドルフィンの分泌は永遠には続きません。せいぜい3年。あっという間です。

したがって、結婚3年後には、幸福度はほぼ結婚前の水準に戻ります。**エンドルフィンが出ている間に、冷静に相手を見て人間関係を構築しておかないと、その後は幸福度が下がるのです。**ラブラブのあまり冷静さを見失っている場合ではないのです。

3年が経ったら、最初のドキドキが薄れて、関係がマンネリ化してしまったという悲劇をよく聞きます。エンドルフィンの効果が切れたせいです。見失っていた我を取り戻したのです。

また、子どもができたときにも試練が立ちはだかります。出産後の女性特有の現象で「赤ちゃんを守る」という本能が強く姿を現すのです。母性が強く影響して、夫が近くにいるのさえ嫌になってしまう人もいます。これはホルモンバランスによる自然な現象です。

「**産後クライシス**」（出産後2年以内に夫婦の愛情が急速に冷え込む状況）という言葉も

あるように、**出産は夫婦の仲が悪くなるきっかけの一つ**です。そうならないよう、手を打つべきです。しかし、ここでも手を打つことを放棄してしまうと、状況はさらに悪化していきます。

また、子どもができてから独立するまでの間の両親の幸福度は低いという研究結果もあります。

妻がお母さんになってしまった、という嘆きを男性から聞くことがあります。女性にとっての優先順位がパートナーよりも子どもに変わってしまい、大切にされていないと感じた男性が残業でもないのに遅く帰るようになる。家に居つかず育児に非協力的な男性の態度にさらに関係性が悪化していく。負のスパイラルのスタートです。危機の予兆です。なんとかしなくてはなりません。

心理学者ローレンス・クーデックがまとめた「結婚生活満足感の変化」という図（24ページ）があります。満足感はどうなっているでしょう？　残念ながら右肩下がりです。見事なほど不満が膨らんでいます。

結婚して4年間で急激に満足度が低下し、その後速度を緩めながらも、ずっと

■ 結婚生活満足感の変化

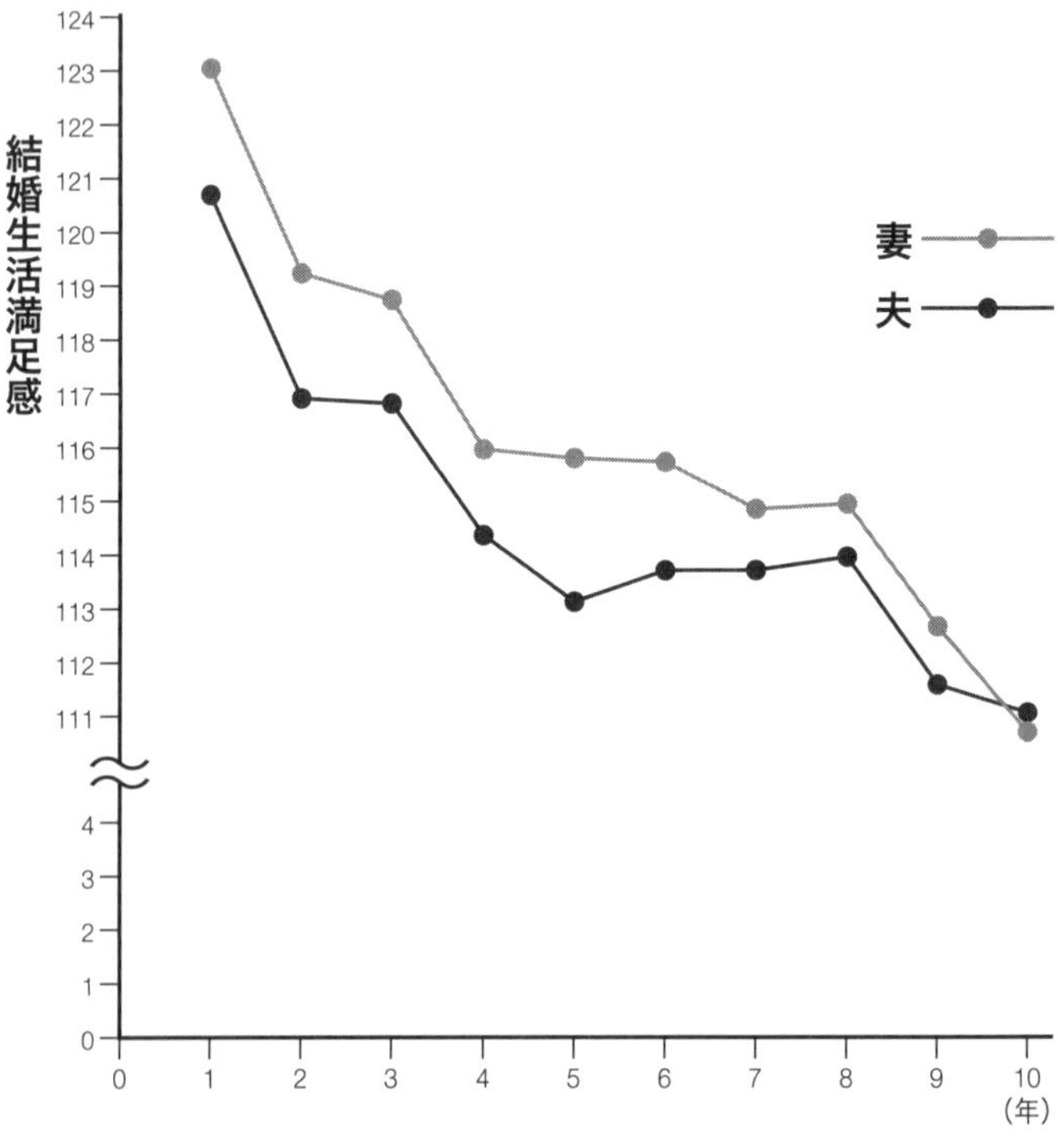

出典：Lawrence A. Kurdek (2005年)

満足度は低下していきます。日本の夫婦の場合には、妻と夫の間で結婚満足度に大きな開きがあるとも言われています。

カップルの研究からも、「放っておくと仲が悪くなるのが夫婦関係である」という結果が明らかです。おとぎ話のように**「結婚すればめでたし、めでたし（末長く幸せに暮らしましたとさ）」ではない**のです。幸せになれるとはかぎりません。

巷には結婚するための啓発本があふれています。婚活サービスもいろいろあります。しかし、結婚はゴールではありません。**円満な夫婦関係を長い間続けていくための方法を本当はもっと考える必要があります。**良好な長期的関係のためには絶え間ない努力が不可欠なのです。でも、努力ってどうすればいいのでしょう？いったんダークサイドに堕ちた関係を立て直すことなどできるのでしょうか？できます。そのためにも、私たちはこの本を書くことにしました。

幸福学はパートナーシップに効果的

私はもともとロボットや脳科学の専門家でした。最初は企業でカメラの開発に携わりました。その後、大学でロボットの研究開発を行うようになりました。ロボットの心についての研究をするうちに、人の心のほうに関心が移っていきました。とりわけ幸せや感動、そして共感にフォーカスするようになりました。そして、人の幸せについて明らかにしようとする「幸福学」の研究を行うようになりました。心理学をベースに、統計的に幸せとは何かを明らかにする、実証的学問分野です。妻も私とともに幸福学やポジティブ心理学の研究をしています。

私は、幸福学の研究者として、人は結婚しなくても幸せでいられると考えています。実際、私も結婚する前から幸せでした（妻も同じことを言っています）。

それでは、なぜあえて私たち夫婦が、このような本を書くことにしたのか？

一つには先ほど述べたように「パートナーシップの悪化」や「不幸せなパートナーシップ」が、実によくある問題だからです。産後クライシスの例を挙げましたが、二人でいるよさをうまく伸ばせず、互いにストレスを抱えている関係は世間に少なくありません。せっかくもっと幸せになるために結婚したり、パートナーシップを築こうと誓ったりしてきたのに、その関係がストレスとなってしまう。それでは毎日が幸せではありません。残念なことです。そして、せっかく幸せになろうと一緒になったはずの関係をあきらめてしまうのは、もっと残念なことです。そんな**不幸をなくしたい、というのが一つめの理由**です。

そして、もう一つの理由は、私自身、パートナーと歩むことによって、**二人だからこそ得られる深い幸せを経験できた**からです。妻と結婚してから26年が経ちました。同じ研究をしているので仕事でも妻と一緒にいる時間が多くなります。ずっと一緒にいてよく飽きませんね、と言われることがありますが、飽きることなど考えられません。なんというか、一人のときよりも、ずっと強く安定感のある幸福感を感じています。自分の実感としては、一人のときの幸せと、パートナーとともに歩む幸せとは、何か質感の違うものだと感じます。この**豊かさを多くの**

人に伝えたい、そして感じてもらいたい、というのが二つめの理由です。

私たち夫婦は、結婚当初から、研究者夫婦として幸福学のメカニズムを実践して結婚生活を歩んできたわけではありません。ずっといい関係を保つことができているので、それを改めて分析してみたら、幸福学のメカニズムに当てはまっていたよね、という順番です。幸福学の知見が日常生活に自然と反映されていたのです。であれば、幸福学のメカニズムは夫婦の幸せに適用できるはずです。それをお伝えしたいと思って筆をとりました。

一人でも幸せは得られます。しかし、パートナーと得る幸せはヒトの可能性をさらに大きく伸ばす、豊かなものです。

パートナーとともに幸せになるには、相手が幸せであることが前提です。そして、パートナーとともに幸せを追求するには、二人が成長し続けることがキーになります。

二人の目標を達成する。あるいは、二人の間に起きた課題をクリアする。そうするとまた次の目標や課題が出てきます。目標や課題は自分一人の想像では完結できないかたちで、どんどんアップデートされていきます。**限りない成長とつながりの連鎖です。**

私と妻は結婚した夫婦としてパートナーシップを築いてきました。しかし、本書でテーマにするパートナーシップは法律上の夫婦にかぎったものではありません。事実婚のカップル、同性のカップル、長く関係を築いていく恋人どうしなど、最愛のパートナーと二人で一組となるパートナーシップにはいろいろなかたちがあります。むしろそういうさまざまなパートナーシップをすべてひっくるめた新しい呼びかたとして、本書では「ニコイチ」と表現したいと思います。夫婦、夫・妻という表現も使いますが、読者の皆さんの状況に応じて適切に読みかえていただければ幸いです。

ニコイチ――つまり二人で一組。

ニコイチは最近、中高生など若い人たちがよく使う言葉です。確かに若者好きがしそうな、なんとなくかわいい言葉です。ニコニコの笑顔も連想させます。若者はいつも一緒にいる仲良しの友だちと自分とをセットでニコイチと言ったり、仲良しの恋人と自分とをセットでニコイチと言ったりします。

ただ、ニコイチは最近になって登場した流行り言葉というわけではありません。自動車修理の分野では昔から使われてきた言葉です。クルマが故障した際に、その部品をほかのクルマから持ってきて補うような修理があります。それをニコイチと言います。足りない部分を他者から補う。二つを一つに。いい関係のパートナーシップを思わせます。

英語に"my better half"という表現があります。**二人を一つとみなし、パートナーのことを、「自分のより良い側の半分」と表現**するのです。素敵ですよね。**思いやりと尊敬を込めた言葉**です。まさにニコイチですね。

つまり、ニコイチ幸福学とは、夫婦・カップルのより良い関係のための幸福学という意味だと捉えてもらうといいでしょう。

私たち夫婦は、研究活動の一環として、これまでに何度も「夫婦・カップルのための幸福学講座」を行ってきました。よりよい夫婦・カップルの関係性のためのワークショップです。毎回数十人（数十組）の夫婦・カップルが参加し、参加者からはたくさんの素敵なフィードバックをいただきました。険悪だった夫婦関係が劇的に改善した例もあります。結婚を躊躇《ちゅうちょ》していた二人がゴールインしたこともあります。そこで、本書では、2018年に渡邊義・奈都子夫妻とともに行った「幸福学・夫婦編」での参加者のコメントも掲載します。その前に、私たちがなぜ幸福学をはじめたのかという経緯や、幸福学の基礎について、述べたいと思います。

第1章

「幸福学」研究者夫妻の幸せな関係

幸せになるためには
どんな人と一緒になれば
いいのだろうか?

気に入るかどうかは第一印象で決まる？

MADOKA

ここからは自己紹介をかねて、まず私たち夫婦のパートナーシップについて触れておきますね。

夫と出会ったのはアメリカ留学時代。共通の友人がアメリカに遊びに来たのをきっかけに、留学中の二人は出会いました。いまでは私たちはとても仲のいい夫婦ですが、**最初からスムーズに意気投合したというわけではありません**でした。初対面のときのアルカトラズ島へのクルーズの際に「英語は目的ではなく手段だ」と言われたことを覚えています。ちょっと上から目線でした（笑）。

彼は研究者として先に渡米していました。私も勉強するために渡米していたのですが、当時はバブル真っ盛り。たくさんの若い日本人女性が留学ならぬ遊学気分で海外に渡った時代でした。日本人の女性は平均的に身なりによく気をつかうほうですが、普段着では着飾らない人が多いアメリカにいると際立ちます。私もそのときは流行のすごく大きなピアスをしていました。だから彼には日本から遊びに来た気楽な女のように感じられたのかもしれません。一方的ですよね（笑）。

その後の流れでみんなで中華料理を食べに行きました。あまり美味しい店ではなかったので、みんな料理を残していたのですが、彼だけはすべて残さずきれいに食べていました。きちんとした人だと思ったことが印象に残っています。

私は当時、アメリカで勉強して叶えたい目標がありました。目標に向かって頑張っていたつもりなので、上から目線で指導されて、正直ちょっと解せないところがありました。**でもよく考えてみると、彼はきっと私のことを心配してくれているんだ**と思えてきました。**前向きに受け止めた**んです。

半年くらいして再会したときには、私が努力し成果をあげていたことを、ようやく彼も理解したようです。そのとき「おお、どんどん成長していく人なんだ」と衝撃を受けたのだそうです。

彼は一緒にいて非常に安心感のある人でした。刺激がないというのとは違います。安定している一方で、この人はどういう人なんだろう？　という好奇心を絶えず持たせてくれました。普通は、相手の人となりがよくわかっていることでもたらされる安心感と、この人のことがまだまだわからないから知りたいという好奇心は、相反するものかもしれません。たとえば、かつて付き合っていた人のなかには、感情のアップダウンが激しい人もいました。まったく安心感がありませんでした。自分の夢にばかりこだわるような部分も、結婚して人生をともにするパートナーとしてはどうなんだろう？　と疑問でした。

でも、夫に対しては**安心感と好奇心を共存して持てることが魅力**でした。そしてもちろん、年月を経たいまも、かつて以上の安心感と好奇心を感じています。

コンプレックスはこの時代に必要ない

私は、持って生まれたそもそもの性質がポジティブです。でも、アメリカで暮らしてみてよかったことの一つは、そうしたポジティブな傾向がさらに強くなったことです。

アメリカには本当に多様な人たちが自信を持って生きています。たとえば、知り合って間もない段階では、アメリカでは多くの人が、お互いにポジティブなことを言うように心がけているように感じます。**知らない人どうしでも、まずは肯定から入ってみる**文化です。

「私なんかまだまだ……」と否定から入る日本とは真逆ですよね。

ポジティブなコミュニケーションはとても素敵だと思います。そうした環境にいたことで、かつて持っていた自分自身のコンプレックス、たとえば「もっと素敵な顔に生まれればよかった」などというようなことを考えること自体に意味がないと思えるようになりました。

一方で、一般論的に言って、日本のコミュニケーションのよさは濃く深いところだと思います。夫婦関係もその一つです。相手の深いところまで入っていって理解しようとする誠実さがあります。日本とアメリカ、両方を経験したことで、日本のよさもまた再発見できました。

コトダマが二人の関係を固定化する

MADOKA

先ほど「産後クライシス」の話が出ましたが、私は、産後にも「夫がそばにいるだけで嫌だ」といったような感情には陥りませんでした。アメリカでの生活を体験した結果として、**自立し尊敬し合う関係を築けていたことがうまく活きたよ**うに思います。

アメリカには子どもに添い寝をする文化がありません。うちの場合、子どもとは添い寝をしていましたが、長男は自立心旺盛な子どもでした。幼稚園のときに、将来必要になると思って机とベッドがセットになった家具を買ったら、その日から自分でさっさと寝に行ってしまいました。それで添い寝の時代はあっけなく終わりを告げました。少し寂しかったですが、自立した家族関係を築けたと思います。

子どもに接するとき、うちでは**赤ちゃん言葉は使いませんでした。小さくても**

独立した個人として接するよう心がけました。何かを教えるときにも、できるだけ論理的に話すように努めたつもりです。

子どもが3歳くらいになるまでは、子どもに覚えさせるために、親である私たちは互いを「パパ」「ママ」と呼びました。しかし、その後はその呼びかたをやめました。私は夫のママではないし、夫は私のパパではないからです。それ以来、ずっと名前で呼びあっています。

私が外で夫のことを「隆司さんが〜」と言ったりすると、「名前で呼び合っているの?」と驚かれることがよくあります。

日本では、恋人どうしのときはお互いに名前で呼び合っていたのに、子どもが生まれると「お父さん(パパ)」「お母さん(ママ)」と呼び合うようになるケースが多い。アメリカでは、カップルが親になっても二人の関係性はあまり変わりません。もちろん、呼びかたもファーストネームのままです。「お父さん」「お母さん」という「子どもから見た役割」だけが強調されるのではなくて、「独立した個性ある個人」で居続けているのです。

子どもから見た「親」という役割が新しくその個人に追加されても、パートナーにとっての異性としての役割もそのまま残っている。だから年を取っても互いを異性と見て接し続けられるのだと思います。

国際結婚のカップルでは、家庭における「パートナー」の優先順位という点で意見が食い違い、揉める原因になるというお話もお聞きしたことがあります。なるほど、文化差を埋めるのは大変だと思いました。

日常使う言葉の刷り込みって、考えかたや行動に大きく影響します。日本のスタイルの夫婦のありかたに慣れていたので、驚いたし、刺激を受けました。

若気の勢い、晩婚の思いやり

TAKASHI

私は33歳のときに、4歳年下の妻と結婚しました。二人の子どもに恵まれ、夫婦で協力して子育てをしてきました。

恋愛初期はドキドキ、ウキウキ。楽しいですよね。結婚して26年以上たったいま、それがそのまま続いているかというと、ちょっとニュアンスが違います。いまは、もっと落ち着いて、**左脳と右脳で愛している**という感覚です。論理（左脳）と感性（右脳）で。

私が妻のことを好きな理由を、論理的に明確に言葉で説明できます。優しく明るく誠実でチャレンジャー。そしてともに歩んできた歴史のなかで、尊敬し感謝すべきエピソードがたくさんある。もちろん、同時に、論理だけではなく感覚的、感情的にも愛情や尊敬の念を抱きます。**ニコイチとしての成熟度が増すということは、相手について言葉でも説明でき、感情面での思いも深まるということ**だと思います。

近年、晩婚化が進んでいます。私の場合、30歳を過ぎてから結婚したのはよかったと思います。結婚という決断には、思い切りが必要です。だから若いうちにえい！　と決断するのはすごい。少子高齢化の社会にあって、若い人たちの決断にはみんなで感謝すべきでしょう。ただ、**結婚してから足並みを揃えて歩むために、**

ある程度人間的に成熟していたほうが容易だとは思います。だから、少し遅めに結婚したことは、自分としては悪くなかったと思います。

もちろん、もっと早くても遅くてもそれぞれの良さがあると思います。欧米では、60になっても80になっても臆せず恋愛します。**何歳になっても結婚適齢期。**これは人間として当然のことです。日本の人々も、年齢を気にせずいくつになってもパートナーシップの幸せを味わってほしいと思います。

私たちが行った調査研究によると、**人間は年を取るほど利他的になる**傾向があります。平均値としては、年齢とともに利他的になっていくのです。

若いときは、自分を磨きたいという気持ちが強いものです。達成したい野心や欲も旺盛です。利己的なのが普通です。それは若い人の自然な素晴らしさです。しかし、年を取るにしたがって「私が、私が」という面が薄れてきて、周りのことを考えられるようになる人が増えるのです。

人として、パートナーが苦しんでいたら助けたいですよね。多くの人はそう思うはずです。一人にしてほしい、話を聞いてほしいなど、相手がこうしてほしいと望むことには対応したいと思う。利他的であるということは、いつもパートナーの気持ちを考えた行動をするということです。

私自身は、それを努力だとは思いません。論理（左脳）として、**一生連れ添うのなら、大事にしたほうがいい、と合理的に考える。**そのほうがトータルに考えて自分も相手も幸せだからです。もちろん、感性（右脳）としても、「大事にしたい」という強い思いを感じます。右脳と左脳を総動員して、幸せでいるために真面目にやってきたわけです。

この人！　と決める理由は？

「この人！」とどう決めるんですか？　と聞かれることがあります。「ビビッ」とときめくんですか？　と。もちろん、右脳ではときめきました。同時に、私の場合、いま思えば左脳でも吟味しましたね。

長く幸せでいるためには、長く幸せでいられそうな人と一緒になるべき。

当然ではないでしょうか。長く幸せでいられるかどうかを左脳で論理的に吟味すること。しかしこれは、「ビビッ」ときたり「ドキドキ」したりしてエンドルフィンが出ている恋愛初期には意外と見失いがちです。

相手がすごい美人だとします。ときめいて、数年は幸せになれそうです。しかし容姿は変わっていくので同じ状態はずっとは続きません。相手がお金持ちだとしても、どうなるかはわかりません。それよりも何があってもサバイバルする力を持っているほうがよいかもしれません。

将来も末長く幸せでいたいと考えるならば、「長く一緒にいられそうかどうか」ということが大事なのです。

私の場合、妻と長く幸せでいられると確信した決め手の一つは、妻は「ポジティブで面白い人」だということです。

当時の私は、世界中のさまざまなところで暮らしたり、起業したりといった、バラエティーに富んだ人生になるだろうと予感していました。波乱万丈な人生を送るかも、と思っていました。だから、変化を恐れるのではなく、チャレンジを面白がってともに歩める人がいいと思いました。

妻は個性的です。特に、笑っちゃうくらい超ポジティブな点が。どんなこともポジティブに捉えるし、いつも笑顔。嫌いな人なんて一人もいません。ドジもしますけど。だから、一緒にいて面白い。飽きません。何年経ってもいろんなことにときめきます。一生ヘンなことをやり続ける人生を、一緒に楽しく歩んでいける人だと思いました。もちろんいまも同じように思っています。想像通りの、いや、想像以上の楽しい人生を歩み中です。

序章で「嫌婚」という言葉を取り上げました。結婚をしないと決めている人のなかには、自分は結婚に向いていないので結婚しない、という人がいます。果たして結婚に向き・不向きはあるのでしょうか？　これは後ほど紹介する「幸せの因子」が目安にできそうです。

誰かと美味しいものを食べる、一緒に運動する、映画を観る。なんでもかまいません。**「この喜びを誰かと一緒に分かち合いたい」と思うことがよくある人は、結婚、あるいはニコイチの生きかたに向いているという**べきかもしれません。

人とシェアすることに喜びを感じない人、あるいは人と一緒に過ごす時間に価値を見出せない人は、誰かと結婚したり、ニコイチになることに、向いていないように思います。それはパートナーシップにかぎりません。社会生活全般で苦労する面もありそうです。

ニコイチの醍醐味は成長とコミュニケーション。

時間や経験を共有し、共感したり違う意見を交わしたりしながら、互いをさらに良く知り、互いに成長することが、ニコイチの醍醐味だと私は思っています。秘訣は相手の視点に興味を持つことです。それは、自分が気が付いていなかったことを教えてもらえる豊かな経験でもあります。

つまり、ここでいうニコイチとは、**単に補い合うということではなく、独立した二人が興味を持ち合いながらともに成長していくこと**です。二人でともに歩む一つの人生。歩むうちに、興味は信頼へ、尊敬へと深化していきます。

パートナーシップの素晴らしさとは、絶大な信頼と尊敬を感じている人とずっと一緒にいられるということです。そして、その信頼と尊敬が年々大きくなっていくこと。

私たちの場合は子どもたちに恵まれたので、子育てというプロジェクトをともに成し遂げた同志という感覚があります。子育てがほぼ終わったいまも、次のプロジェクトを一緒に楽しんでいます。いまは「幸福学」の研究を広めることが共通のプロジェクトです。


ニコイチでの関係を円満にしていくために大切なことの一つは、**良質なコミュニケーションをとること**です。

私たちも、結婚したばかりの頃には、ぶつかりあうこともありました。正直、私も昔はもっと利己的でした。いまよりも未熟でした。怒鳴ったこともあります。しかし、なんと、妻はなぜか「そんな記憶はない」と言います。なんでもポジティブに変換する彼女の性格に、何度も助けられてきました。感謝ですね。

いまはもう、ケンカはしないですね。議論や対話ですべてが解決します。

ウィリアム・アイザックスによると、**コミュニケーションの基本は、①傾聴する（listening）、②尊重する（respecting）、③判断を保留する（suspending）、④声に出す（voicing）、の４つ**です。傾聴は、とにかく親身になって聴くこと。尊重は、どんな意見も尊重すること。判断の保留は、批判的な判断をすぐに下さず、保留して聴くこと。声に出すとは、言いにくいことも誠意を持って、素直に声に出すということ。この四つに気をつけてコミュニケーションしていれば、良好な関係性はさらに良くなっていくと思います。

ここでぜひ皆さんに知ってほしいことがあります。**性格の半分は後天的**だということです。よく「人は変えられない」などと言われます。しかし、実際はちょっとしたコツで変えられる可能性があるのです。

パートナーをどんどん自分好みに改造しましょう、と言っているのではありません。自分が変わるのです。**変えられるのは自分だけ。**自分が変わると、相手も変わります。

人は、いくら「こう変わりなさい」と言われても変わらないものなのです。説教くさく言われたら、うんざりしますよね。自分で気づいて「こう変わろう」と思ったときにしか、変わることはできないのです。

では、どんなふうに変わっていくといいのでしょうか？

パートナーとうまくやっていく人は、端的に言うと「幸せで性格がいい人」です。これも、私たちの研究で明らかです。ビッグファイブといって、学術的に定評のある性格の指標があります。

（1）外向的でエネルギッシュか
（2）協調的で優しいか
（3）誠実で粘り強いか
（4）情緒が安定しているか
（5）知的好奇心が高く開放的か

実は、どれも数値が高いほど幸せであることが研究によってわかっています。言い換えれば、性格の悪い人は不幸な傾向があるということです。

ということは、**人間性を磨いて、いい性格になれば、パートナーシップがうまくいく可能性が高まる**ということです。パートナーと揉めたときも、相手のせいにばかりするのではなく、自分をかえりみて反省したり、成長することができます。つまり、これまでにも述べてきたように、より良いパートナーシップを築くこととは、互いに成長していくこと。要するに、二人でともに、どんどんいい性格になっていくことなのです。

また、後で説明する**「幸せの4つの因子」を高めていくことによって、より幸せになり、パートナーシップがうまくいくチャンスが広がります。**「幸せの4つの因子」が高まることは、性格が良くなっていくことの別の側面なのです。

いま、日本では結婚した夫婦の3分の1が離婚します。もっとみんなが幸せについて学び、自分たちを高めていく機会が増えれば離婚しなくてすむのに、と残念に思います。学び成長していけば、うまく関係を修正して支え合っていけるので、嫌い合って離婚するなんてことにはならないのに。その意味からも、幸福学はパートナーシップのために必要不可欠な学びなのです。

第2章

「幸福学」の基礎知識

いまの時代、
幸せとはコントロール
するものである。

なぜ、いま「幸福学」なのか？

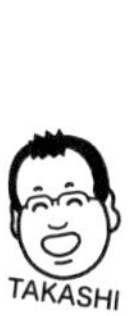

本章では幸福学の基本となる「幸せの４つの因子」について説明していきます。その前にまず、幸福学とは何か、なぜ幸福学なのか、説明しましょう。

私のキャリアは、エンジニアとしてカメラの開発をする仕事からはじまりました。

資源のない島国の日本。ここに生まれ育った私は、科学技術と工業の力でモノをつくることができれば、人々は豊かになると思っていました。子どもの頃からずっとエンジニアが憧れでした。

夢への第一歩として東京工業大学に入学。修士課程修了後は、一般企業に入りカメラ用モーターの開発を手がけました。しばらくしてロボットの研究をはじめ、大学の教員になりました。そこからはロボットの研究・開発を専門に続けてきました。

憧れた道に進んで、研究に打ち込む日々でした。しかし、気づきました。**日本の国民総生産は確かに増えた。にもかかわらず、人々の生活満足度はたいして変わっていない。**ショックを受けました。エンジニアとしていい製品をつくっても、人々の幸福度はあまり変わらない。そう言われたような気がしたからです。

私がやってきたロボットの開発とは、人に似せたロボットをつくることでした。つくったロボットを通して人を理解するというやりかたです。ロボットの心のアルゴリズムをつくり、ロボットを笑わせたりすることで、人の喜怒哀楽を研究していたのです。

しかし、このことでも私は壁にぶつかりました。たとえ技術でロボットを笑わせることができても、ロボットに感情があるわけではない。ロボットが見せる感情は人によってつくり出された、つくり物の感情です。

いつしか、**ロボットを介することなく、ダイレクトに人間の幸せについて研究し、そのメカニズムを明らかにしたい**という思いが芽生えてきました。

私が幸せについての研究をはじめる前にも、世界中の科学者がさまざまな観点から幸せの研究をしていました。しかし、体系だったものはできていませんでした。何を幸せと感じるかは人によって違います。その感じかたを定量化することは難しいと考えられてきたのです。

私は工学出身です。工学とは、科学でわかっていることを人の役に立つ形に具現化する仕事です。**工学者として、人はどのように幸せを感じるかを体系化したいと考えました。**いままでの個別の研究成果の全体像を明らかにし、人が幸せを感じる**メカニズムを解明できれば、より多くの人に幸せになるメカニズムを実践してもらえる。**そうすれば、社会全体がもっと幸せになれる。そう考えて研究をはじめました。

現代とは、幸せをコントロールする時代

ここまで当たり前のように「幸せ」や「幸福」という言葉を使ってきました。

しかし、そもそも「幸せ」とはなんでしょうか？　大辞泉で「幸せ」を引いてみました。

し‐あわせ〔‐あはせ〕【幸せ／仕合（わ）せ／×倖せ】

［名・形動］《動詞「しあ（為合）わす」の連用形から》

①運がよいこと。また、そのさま。幸福。幸運。「思わぬ―が舞い込む」「―な家庭」「末永くお―にお暮らしください」

②めぐり合わせ。運命。「―が悪い」「道がわかんねえで困ってると、―よく水車番に会ったから」〈有島・生れ出づる悩み〉

③運がよくなること。うまい具合にいくこと。「―したとの便りもなく」〈浄・博多小女郎〉

④物事のやり方。また、事の次第。「その科（とが）のがれず、終（つひ）には捕へられて此の―」〈浮・一代男・四〉

「幸せ（しあわせ）」の語源は「しあわせる（為る＋合わせる）」です。室町時代に生まれた言葉で、本来は「めぐり合わせ」の意味です。「しあわせが良い」「しあわせが悪い」というふうに使っていました。それが江戸時代になって「しあわせ」のみで「めぐり合わせがよい」状態を指すようになりました。

大辞泉にあるように、「幸せ」とは、運がよいこと、運命、運がよくなることを表します。幸せという言葉には本来、能動的にはコントロールできないニュアンスがあったのです。

しかし現在、世の中には「幸せになる」ためのサービスやコンテンツがあふれています。つまり、**現代人は、「幸せ」をある程度、自分次第でコントロールできると考えている**ということです。自分次第で運を変える、あるいは運に対するポジティブな感受性を高めることができると思っている人が多いですよね。

幸福学の基本となる「幸せの4つの因子」は、置かれている状況に対してポジティブな感情を持つことにも、状況をポジティブに好転させることにも役立ちます。そこで、幸せの基本的な条件を紹介しましょう。

長期的V.S.短期的、2種類の幸せ

幸せには大きく2つの種類があります。アメリカのコーネル大学で教鞭をとる経済学者ロバート・フランクは、2種類の幸せの存在に気づきました。**長続きしない幸せと、長続きする幸せ**です。両者はそれぞれ、地位財と非地位財に対応しています。

● 周囲との比較で満足が得られる財【地位財】
＝モノやお金、社会的地位など

● 周囲との比較によらず満足が得られる財【非地位財】
＝健康、自由、愛情など

人と比べて優越感や劣等感を抱くということがあります。私のほうが同期のAさんよりも出世している（優越感）、彼女は玉の輿に乗ってずるい（劣等感）、私の

ほうが背が高い（優越感）など、人と比べることで自分の評価が決まるその比較要素が「地位財」です。

「地位財」の特徴は、比較する相手によって、自分のなかでの評価が変わる、相対的なものであるということです。Aさんと比べると恵まれているけど、Bさんと比べると全然ダメだ、ということが起きます。ある時点で、個人の社会的地位や収入は定まっています。にもかかわらず、定まっているはずのそれが、誰と比較するのかによって、満足だったり、不満足だったりするのです。このため、地位財によってもたらされる幸せは短期的なものであるという特徴があります。

一方、**人と比べなくても幸せをもたらしてくれる財が「非地位財」**です。健康に生活できて満足、パートナーとの結びつきを感じて満足、口うるさい上司のせいで仕事が進めづらくて不満、など自己完結的に得られる満足・不満足の要素が「非地位財」による幸せ・不幸せです。満足・不満足の評価軸が人との比較ではなく自分のなかにあります。このため、非地位財は長続きする幸せをもたらします。

なかには、健康や愛情を他人との比較材料にしてしまう人もいます。「Aさんのほうがパートナーに大切にされている」といった具合に、自分と他人のパートナーを比べてしまうわけです。これは、比べたことで不満を抱いたかのように見えますが、実は人と比べなくてもそもそも自分はパートナーに不満を抱いていたのではないか？　と疑ってみる必要があります。

たとえば、子どもが「Aちゃんは土曜日に遊んでいてずるい（私は習いごとがあるのに）」と言ったとします。この場合、この子の本質は「自由に遊びたい」です。Aちゃんと比べて不幸だというのは、自由が欲しいという本質を説明するための一つの理由付けのようなものかもしれません。

このように、**本来は自己完結で評価できることを、人と比べて地位財的にとらえると、幸福度が下がってしまいます。**

英語で地位財は"positional goods"、非地位財は"non-positional goods"です。人との相対比較で自分の位置を測れる財が地位財、そうではないものが非地位財です。つまり、評価が相対的なものが地位財、絶対的なものが非地位財です。

長く続く幸せを重視する幸福学

幸福学の研究をはじめて、私がまず行ったのは、長続きする幸せ（非地位財の幸せ）を分析することでした。短期的な幸せ（地位財の幸せ）はひとまず置いておきました。

私が目指す**幸福学の理想は「個人が自分の力で、ずっと続く幸せを感じる方法を見つける」手助けをすること**です。そのためには、長続きする幸せを追求するべきだと考えました。

長続きする幸せを分析するうえで、先人たちの研究で提言されてきた「幸せの要因」のなかから、心的要因だけに注目しました。**心的要因とは「自分の心の持ちよう」**を意味します。自分の心の持ちようは、自分次第でコントロールできます。**つまり、自分でなんとかできる。**非心的要因は自分でコントロールできないので、実践では使いにくいと考えました。

そこで、幸せに影響する心的特性についてアンケートを作成しました。１５０0人の日本人を対象に調査を実施し、そのデータを分析した結果、幸せに影響する「４つの心的因子」を明らかにしました。

- ●第1因子：「やってみよう！」因子（自己実現と成長の因子）
- ●第2因子：「ありがとう！」因子（つながりと感謝の因子）
- ●第3因子：「なんとかなる！」因子（前向きと楽観の因子）
- ●第4因子：「ありのままに！」因子（独立と自分らしさの因子）

この「４つの因子」を身につけるように意識すれば、幸せを感じることができるようになります。第3章では、幸せの「４つの因子」をそれぞれ説明しましょう。そのうえで、それをパートナーシップに生かす方法や事例を取り上げます。

ニコイチ体験談①

※ このコラムは、前野隆司・マドカ夫妻と渡邊義・奈都子夫妻が2018年に行った「幸福学・夫婦編」講座の参加者へのインタビューを記事化したものです。

夫：**朝野倫徳**さん【58歳／僧侶（寺院副住職）】
妻：**朝野かおり**さん【51歳／しあわせリーダーズ合同会社・協働代表】

・**結婚年数**：ほぼ28年　・**子ども**：長男（高校3年生）

幸せは周りに伝播する

かおりさん（以下、「**か**」）：　私は幸せに働く人を増やしていくことをライフワークにしています。そのためにはまず私自身が幸せでなくてはなりません。私が幸せでいるためには、大切なパートナーとの関係が幸せなものであってほしいと思っています。

前野先生が研究・実践されている「幸福学」に感銘を受けてから、先生の研究会やイベントに参加するようになりました。「幸福学・夫婦編」

について も その流れで知り、夫を誘いました。夫婦関係に特に何か問題を抱えていたというわけではなかったんです。

倫徳さん（以下、「**倫**」）：　妻の「前野マニア」歴はすでに3〜4年を数えます。前野先生夫妻の「追っかけ」のようになっておりましたので、夫は牛に引かれて善光寺を詣でる参拝者のごとく、妻の後をついて行きました。こうした講座に参加することに抵抗はなく、すんなりと受け入れました。

講義でいちばん印象に残ったのは前野先生ご夫妻の存在感です。

お二人の人柄や発言に接すると、「幸福学」は確かに効くと思えるようになります。誰しもできれば幸せになりたいはずです。人の幸せはこんなに世の中で必要とされている大切なテーマのはずですが、あまり正面から取り組んできた人が少ないのはなぜなのか、不思議です。

夫婦が助け合い、ともに学びながら「夫婦として」成長してゆく。講座は、普段忘れがちな人生のテーマを考える良い機会となりました。

参加者のなかには、離婚を経験した人もいました。一人で受講していたその人が「また結婚してもよいのかな、という気持ちになりました。勇気をいただきました」と感想を述べておられたのが心に残っています。

ともに幸せに生きていくという姿勢

か‥ 夫の言うとおりで、私も前野夫妻が講師であることが何よりこの講座の魅力だと思います。お二人は「幸福学」の体現者のような存在です。加えて、もう一つとても印象に残ったことがありました。夫の姿勢です。いつもは、冷静、客観的な人なのですが、講座は前のめり、意欲的、主観的(!?)に受講していました。その姿に感動しました。
私は夫が二つ返事で一緒にこの講座に参加してくれたことが何よりの幸せの証だと思っています。「これからも二人で幸せな人生を生きていこう」という宣言だと感じたからです。参加の意思表明という行為だけで、すでに良い影響が二人の関係にもたらされました。あと、いつか私たちも夫婦二人で何かワークショップを開催してみたいという夢を持ちはじめました。

倫：そうですね。私たちは特に問題があった二人ではありませんが、こうして改めてパートナーシップについて考える機会を持てたことはよかったです。パートナー（伴侶）こそが最大の理解者であり、味方であり、最高の支援者なのだと思いいたりました。感謝！

もしも、ベストな夫婦を選ぶアワードが新しく設けられたら、前野先生夫妻は、毎年のように「ザ・夫婦《めおと》オブ・ザ・イヤー」のグランプリにノミネートされるに違いありません。しかし、私たち夫婦も「ザ・夫婦・オブ・ザ・イヤー・町内会賞」の準グランプリぐらいは狙えるようになりたい。いま、そんな野望を抱いています。

第3章

ニコイチのための幸せの4つの秘訣

ワクワクできる
何かがあるか？
ワクワクのために
動いているか？

「やってみよう！」因子（第1因子）とは

ヒトの幸せに影響する「4つの心的因子」のうち第1の因子は「やってみよう！」因子です。自己実現と成長の因子です。

「やってみよう！」因子が強い人は、こんな人です。

● 得意なことがあり、強みをさらに高めている
● 好きなことがあり、それに打ち込んでいる

得意なことがあって、それを伸ばそうと努力している→それを自分のために生かそうとする→他者（社会）にも還元しようとする。

あるいは好きなことがあって、それを突き詰めようと努力している→それを自分のために生かそうとする→他者（社会）にも還元しようとする。

「やってみよう！」因子が強い人は、ワクワクしています。ときめくことがあって、毎日をワクワクしながら満喫している人は幸せな人です。

「やってみよう！」因子を伸ばすには

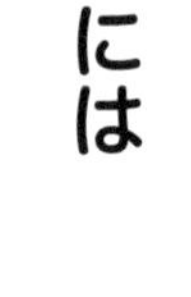

他者から見るとささやかなことでも、自分にとって意味のある夢や目標を持ち、その実現のために行動している人は、「やってみよう！」因子が強い人です。どんなことでもいいのです。

目標を設定しそれを成し遂げると、ホルモンの一種であるドーパミンが分泌されます。ドーパミンは中枢神経に存在する神経伝達物質です。セロトニンやノルアドレナリンとともに三大神経伝達物質とされます。

神経伝達物質は人の感情、記憶や運動機能、睡眠などに影響を与えます。ドーパミンは快感、意欲（やる気）、学習能力、記憶力などにかかわります。

目標を設定した段階でもドーパミンは分泌します。目標が達成されるとさらに大量に分泌します。目標設定する（ドーパミン分泌）→やる気が出る→達成（さらにドーパミン分泌）→快感（幸せ）というふうに、どんどん幸せな気持ちが増していきます。

この流れをつくるには、小さな目標設定でいいのです。**短期で達成できる目標をくり返し、目標値を高めていく。**これは長期的な目標を達成するときに効果的なやりかたです。

「やってみよう！」因子の解釈の難しい点は、「目標に向かって努力し、達成することで、他者に勝つ」という見かたがあり得る点です。「やってみよう！」因子は、コンピテンス（競争力）にかかわります。しかし、他人に勝つというモチベーションは地位財型ですから、長続きしない幸せです。**「やってみよう！」のモチベーションはあくまで自分が心から「やってみよう！」と思えること、すなわち、ワクワクすること**からはじまるほうが、より幸せです。「やってみよう！」因子は必ずしも仕事につながらなくてもかまいません。私生活における趣味や活動でもいいのです。

「みんながやっているから」とか「得になりそうだから」という、自分の欲求を抑えての打算ではないことが大切です。心からやりたい。魂が喜ぶからやりたい。誰にも言われなくても、やりたいからやっている。そういうことです。

「地球上の人類75億人が、75億通りのやりかたで、自分らしくワクワクすること（幸せになれること）を見つけ、75億分の1の個性を活かして、社会のなかで自分らしく生きる」。それが「やってみよう！」因子の目指す世界です。

均一性重視は「やってみよう！」を鈍らせる

では、「やってみよう！」と思える何かが見つからない場合は、この因子を伸ばすことができないのでしょうか。幸せになれないのでしょうか？

私は大学教員なので、若い人と接することがよくあります。就職活動の時期になると「自分は何がやりたいのかわからない」と悩む人がいつもたくさんいます。これは、小中高大と画一的な教育を受けてきた弊害ではないかと思います。

日本はもともと「出る杭は打たれる」社会でした。

好きなことや得意なことでも、人よりちょっと目立つと白けた目で見られることがあります。好きなことや得意なことに時間をかけようとしても、「そんなことはやめなさい」と言われることもあります。学業や学校の成績に直結しないようなことは特にそうかもしれません。子どもの頃好きだったことを封印した人も少なくないでしょう。

好きなことや得意なことを「やってみよう！」という気持ちにストップがかかる。なかなか「やってみよう！」因子を伸ばしていきにくい環境かもしれません。

さかなクンというタレントがいます。東京海洋大学の名誉博士としても活躍しています。幼少期の話を聞くと、魚を観察したり、魚を絵に描いたり、とにかく魚に夢中だったそうです。学校の成績はずっと悪かったので、先生には心配されていました。お母さんも何度も学校に呼び出されたそうです。しかし、さかなクンのお母さんは立派だった。お母さんは「あの子はあれでいいんです」と言い切って、全力でさかなクンをサポートしたのです。

いま、さかなクンは魚のエキスパートとして仕事をしています。魚にまつわる仕事を自らつくり出して、成功しています。さかなクンのように情熱を持って好きなことを突き詰められることは、とても幸せなことです。

さかなクンのように**「自分だけの世界」を持つことは、幸福度に直結することが明らかになっています。**独自の世界は個性になり、強みになるからです。若い世代にかかわっている人たちには、彼らが夢中になって取り組んでいることを応援してほしいと思います。あなたにとって「なんの役に立つの？」と思えることも、否定しないで下さい。ワクワク「やってみよう！」から始まる生きかたは、大きな可能性を秘めているのです。

均一性重視の環境に長く身を置いてきたことで、物ごとに対する「やってみよう！」の感度が鈍っている場合があります。そんな人はいちど、**子どもの頃自分が好きだったことや、興味を持っていたことをリストアップしてみる**ことをお勧めします。

リストができたら、そのなかから周囲に止められてあきらめたこと、お金や時間などの制約でできなかったことがあるか確認します。できなかったことのなかに、いまでもやりたいと思っていることはありませんか？　あるいは、子どもの頃好きだったことと、いまやっていることやりたいこととの共通点はありませんか？　不思議なもので、子どもの頃関心を持っていたもので、いまは嫌いになったというものは意外と少なく、いまもなんらかの興味があるケースが多いのです。もしいまも興味があるものが見つかれば、ぜひ取り組んでみてはいかがでしょうか。

実はこれは、私の研究室で修士号を取得した國友尚さんの修論研究で、日本創造学会論文賞も受賞した「アソビジョン・クエスト」という手法です。

近藤麻理恵さんの片づけ法を頭の中の整理に使うのも有効でしょう。やりたいことを、ときめくかどうかで選択するのです。ときめくことは、きっとあなたの

「やってみよう！」因子を高めるでしょう。

ニコイチのための「やってみよう！」因子

やってみる。そうすれば新たな世界が開けます。

個人の「やってみよう！」因子を伸ばせば、人としての魅力が増します。

「内側からにじみ出る幸せ」を雰囲気として持っている人が皆さんの周りにもいませんか？「やってみよう！」因子が強い人はワクワクしながら生きています。ワクワクしている人は幸せそうです。幸せそうな人は魅力的です。**「やってみよう！」因子で自分がどんどん幸せになっていけば、周りの人にもハッピーが伝播します。**

シングルでパートナーを探しているならば、新たな出会いも期待できます。自分の世界を深めたうえでの出会いなら、自分の世界を相手に理解してもらいやすい。習いごとやサークル活動などで知り合ったという話をよく聞くのは、やはり二人の「やってみよう!」が一致している良さがあるからでしょう。たとえば、最近、全国的に読書会がブームです。テーマを決めて集まるわけですから、世界観や興味が似ている人が集まりやすい。だから、けっこうカップルができるという話を聞きます。

すでにニコイチの二人も「やってみよう!」因子をうまく利用すれば、もっと幸せになれると思います。二人で同じ目標や趣味を持ち、同じゴールに向かって努力すれば、親密さが増します。仕事のプロジェクトと同じです。

また、それぞれが「やってみよう!」とチャレンジしていることを応援し合うことでもいい結果がもたらされるでしょう。まず、相手が持っている、自分にない価値観や世界観を知ることで、自分にも新たな可能性が生まれます。パートナーの「やってみよう!」の追体験とまではいかないにせよ、その一部を垣間見ることができます。本来「1」だった自分というものに、パートナーを通しての体験がたとえば「０・５」加わり、自分が「１・５」になるというイメージです。

そして「やってみよう！」の態度をお互いに感じ取ることで、自分も頑張ろうといいモチベーションが生まれます。

【事例】パートナーの応援で「やってみよう！」した結果

私は以前、専業主婦でした。子どもが小学生のときに、何年間か、ＰＴＡの役員をやっていました。そしてある年、ＰＴＡの会長をやってくれないかと打診されたのです。

夫の仕事も忙しいし、家族のサポートをする時間も必要だから無理だと思い、断りました。しかし、帰宅した夫にその話をすると驚かれてしまったのです。

「そんな成長のチャンスを断るなんてもったいない！　やらない理由がない」

マドカなら絶対にできると励まされて、こちらが驚いてしまいました。しかし、私もこういう性格なので、そうかな？　とその気になりました。

「もしまだ、誰にも決まっていなければ、私でよければやります」と、さっそく電話をしてみました。すると「もちろんお願いします」と言われ、とんとん拍子に会長になりました。

その結果、これは本当に**挑戦してみなければわからなかった**ことですが、やってみたらすごく楽しくて、やりがいがありました。

実は子どもの小学校は、前年度までＰＴＡ役員と先生たちとの連携があまりうまくいっていなかったんです。そこで、私はコミュニケーションに力を入れた目標を設定しました。結果として、ＰＴＡ役員と先生の関係がとても良好なものに変わりました。

ＰＴＡの運営のしかたもいろいろと工夫をしました。その結果、父母と先生が力を合わせた、本当に素敵なＰＴＡ活動ができあがりました。いろいろな改革もしました。そして、日本ＰＴＡ全国協議会会長賞という、各都道府県から選ばれる賞までいただくことができました。

子どもの卒業と同時に私はＰＴＡ活動をやめましたが、当時一緒に役員をやってくれた仲間は、その後もＰＴＡの活動を引き継いで続けてくれました。当時の仲間とはいまでも時々会っています。**こうした素敵な輪ができたこと、楽しみながらみんなのお役に立てたこと、そして自分が成長できたことが嬉しい**ですね。やってみてよかったです。

【事例】ニコイチで「やってみよう！」した結果

子育てが一段落した頃、私も社会に貢献したいと思うようになりました。それ

で何かできることを探しはじめました。私が単身でアメリカに留学して心理学の修士号を取るという案もありました。成長したとはいえ子どもたちも家にいます。だからさすがに難しいと思ったのですが、夫はいいんじゃない？　と言っていました。私の「やってみよう！」を止めないんですね。

そうこうしているうちに夫が「幸福学の研究者がまだまだ足りないから、やってみる？」と言ったのです。私もポジティブな性格なので、なるほど、その手があったか！　とはじめてみることにしました。

私たち夫婦は、**お互いがやりたいと思うことに対してできる限りサポートし合います**。そして、**互いが取り組んでいることに対してはポジティブなフィードバックをし合っています。**

たとえば困難な状況に直面することがあります。そんなときにも夫に相談すると、「絶対に大丈夫だよ」という安定したリアクションが返ってきます。勇気づけられます。脳の研究者らしく、「新しいことを学ぶと神経のシナプスがつながってニューロンがのびていくから」なんて言われれば、「よし、やってみよう！」と思えます（笑）。

相手の「やってみよう！」を励まし合うことで、ますます意欲的に頑張ろうと思えるようになります。**「やってみよう！」因子のいい循環が生まれるのがニコイチのよさ**です。

私は結婚したことをきっかけに、とにかく「やってみよう！」という面が強くなりました。夫婦としてニコイチでやっていくうちに、**ケンカになるような材料さえも、「二人で乗り越えるべきチャレンジ」**になりました。人はどんどん変わっていくし、成長できます。子どもたちも、私たちを見ていて影響を受けていると思います。

「やってみよう!」なんて恥ずかしい？

NICOICHI

そもそも、「やってみよう!」因子を強くすることが幸せにつながるという前提そのものに疑問を持つ人がいるかもしれません。

そんなに積極的に活動しなくても幸せになれるのでは？　**日々のささやかな幸せを感じていればいいのでは？**　という意見です。なんだかちょっと気恥ずかしいような気分。それはわかるような気がします。

いまはソーシャルメディア全盛の時代です。何か**活動をするということが、「他人に見せること」を目的とした活動になってしまっている**というケースがあります。

ウユニ湖に行った、政治デモに参加した、勉強会を開催した、料理教室に通っている……。ソーシャルメディアには多様なアクティブな写真や投稿がアップされます。「いいね!」をする、「いいね!」をもらう。そんなことで承認欲求を満たすような真似はしたくない。そこまでして、何かやってみる必要がある？　そう思っている人もいるでしょう。

しかし、幸せな「やってみよう！」因子は決して自慢ではありません。自慢したり妬んだりするのは地位財的な長続きしない幸せ・不幸せです。決して自慢しないことが、「やってみよう！」因子の鉄則です。**仏教で陰徳《いんとく》を積むといいます**が、陰徳と似て、**誰にも知られなくても、やりがいを感じることが、真の、非地位財としての「やってみよう！」です。**

これはあなたのやりがいをチェックするバロメータになりますね。あなたが「やってみよう！」と思っていることは、誰にも自慢しなくても、褒められなくても、やりたいことですか。もしそうなら、それは長続きする幸せでしょう。

そのようなありかたを、専門用語では「内発的動機」といいます。自分のなかからモチベーションが湧き出ること。反意語は「外発的動機」。他人と比較して褒められたり自慢したりすることで得られる地位財型の長続きしない幸せにつながります。

余談ですが、ソーシャルメディアに何かをアップする際には、ぜひ他人のメリットを考えたメッセージを書いてください。「ホテルで美味しいディナーを食べました」は自慢げですが、「このホテルのこの料理はおすすめなのでぜひ行ってみて」は利他的です。後で述べますが、当然、利他的な人は、自慢げな人（利己的な人）よりも幸せですし、他人から好かれます。

さて、幸せの４つの因子を割り出すきっかけになったアンケートは、５つの質問に７段階で答えるというイリノイ大学ディーナー教授による「人生満足尺度（ＳＷＬＳ）」や、生活満足度などを通して幸福度を測るというものでした（136ページ参照）。

毎日が穏やかに続いていて、大きな喜びは特にない。その代わりに、悲しみも苦しみも特にない、という人は、アンケートで「やや幸せ」や「どちらでもない（幸せでも不幸でもない）」という答えを選んでいるかもしれません。このため、アンケート結果だけを見ると幸福度が低い人とみなされがちです。これはアンケートという調査方法の限界です。

つまり**「一見平凡で、静かで、変化がない幸せ」**というのは、**アンケートの点数は低めに出るものの、実は、感情の高揚がわかりやすい幸せとは別のタイプの幸せ**なのではないかと思います。平穏にみえる日常から、細やかな感性で感動を味わうことができるというのは高度に熟達した心だからです。

パートナーを選ぶとき、そうした高度な感性を持つ人はいいパートナーに恵まれる可能性があります。一見、平凡で刺激がないように見えるかもしれない相手の隠れた良さを敏感に感じ取ったり、見分けたりできる人は、幸せの感度が高いはずだからです。

派手な外見や、仕事での華々しい功績がなくてもかまわない。お金がたくさんなくてもいいから、誠実で、対等なパートナーシップを築いてあたたかな関係をつくりたい。そう思っている人はたくさんいます。

ソーシャルメディアにカップルの写真を載せたときに「いいね!」がもらえる

かどうかは、さほど大切ではありません。自分が心から「この人といたら、居心地がよく安心できる。家族になってこれからの人生を一緒に歩んでいきたい」と思える。それが素晴らしいのです。

「やっていこう!」とあなたに思わせるのはあなたにふさわしいパートナーです。これから一緒に「やってみよう!」です。

どんどん**二人のために新たな「やってみよう!」を重ねていけばいい**のです。派手なことでなくてもいい。二人の間の**小さな問題を解決することも立派な「やってみよう!」**です。ときめいて、行動して、幸せになってください。

人に与え、
与えられる。
その豊かさを
実感できるか？

「ありがとう！」因子（第2因子）とは

第2因子は、「ありがとう！」因子、つながりと感謝の因子です。「ありがとう！」因子が強い人は、次のような人です。

- 人を喜ばせたいと思う
- 人を支援したいと思う
- 人とのつながりに感謝している

ご飯を食べたり、映画を見たりした感動を人と共有したい。人が困っているときに力になりたい。人とのあたたかい付き合いが嬉しい。あたたかく優しい人ですね。**「ありがとう！」因子が強い人は、人に対する許容度が大きく、それは他者を前向きに受け止める**ということです。だから幸せです。

人と一緒に長い時間を過ごし、いろいろな経験を分かち合うと、親密な関係を築けます。親密な相手には親愛の情を感じます。自然と優しくしたくなります。そして、感謝の気持ちを持つようになります。こうした気持ちが幸せを感じさせてくれる要因となります。

「ありがとう！」因子を伸ばすには

皆さんは、休日をどのように過ごすことが多いですか？

趣味の世界に没頭したいから、一人で過ごすことが多い人がいるでしょう。平日は仕事を頑張っているから、ひたすら寝ているという人もいるでしょう。しかし、もっと幸せになりたい人は、外に出ることをお勧めします。「ありがとう！」因子が育つ機会が増えるからです。新しい出会いを増やすことは、つながりと感謝の機会を増やすことです。

「友達が多いから幸せ」とも、「幸せだから友達が多い」とも言えるでしょう。好循環です。ただし、友達が多ければいいのかというと、そうでもないようです。

私たちの研究結果によると、**友達の数と幸福度の相関関係よりも、多様な友達がいることと幸福度の相関関係のほうが強い**傾向がありました。

多様な友人とは、年齢、性別、国籍や人といったわかりやすい属性がさまざまであるということにとどまりません。考えかたや性格、人生経験がさまざまなバラエティーに富んだ友人関係のことです。友達は多様でかつ、交流が多いほうが幸せであることがわかっています。

それでは、多様な友達をつくるにはどうすればよいのでしょう。いろいろな場面で人と交流することです。

最初は身近なところからはじめるのが気楽でしょう。仕事で知り会う人、家族を通して知り合う人、友達の友達などと交流する。いきなり知らないところに飛び込まなくてもＯＫです。

さらに輪を広げたいならば、趣味やボランティア、習い事をはじめてみるのも一つでしょう。講演会やセミナーに行ってみるのもいいでしょう。共通の目的がある人とは仲良くなるのも簡単です。「やってみよう！」因子でもお勧めしました。

社会貢献と幸福度には統計的に相関関係があります。社会貢献をしている利他的な人は幸福度が高く、社会貢献に興味がない人は幸福度が低いのです。だからボランティアや社会的活動には積極的に参加するとよいでしょう。

家庭環境と「ありがとう！」因子

家庭環境の問題などで、「ありがとう！」因子が弱くなってしまうというケースがあります。毒親、あるいはそこまでは言わないまでも、両親とあたたかな心の交流が希薄だった場合です。

両親の仲がよい家の子どもは幸せな人になるという研究結果があります。家族とのつながりを感じることで「ありがとう！」因子がよく育ちます。親どうしの仲が悪い（つながりが弱い）場合や、親と子どもの心のつながりが弱い場合、無自覚のうちにつながりを経験する機会が減り、「ありがとう！」因子は弱くなる傾向があります。

しかし、第1章でも強調しましたが、性格の半分は後天的に変えることができます。自分を幸せにするために、ぜひ変化し成長していきましょう。

人によっては、恵まれない家庭環境で受けた心の傷や屈折をバネにして、起業したり経営者になったりする人もいます。成長していくなかで、親との関係を客観的に見たり考えたりする機会を持てたなら、それは幸運なことです。家族がいまの自分にどう影響しているかを考えてみることで、今後の両親との付き合いかたを自分で選び取ることも可能になります。両親との関係をあきらめたという人でも、それ以外の人間関係を築き、深くかかわっていくことが重要です。

はじめは結びつくうえで、人との距離の取りかたに戸惑うこともあるかもしれません。大切なのは、**かかわっても依存はしない**こと。このことは覚えておくと助けになります。

人とのつながりは、クリエイティブなチャレンジです。相手によっていろいろなかかわりかたができます。つながりが増えるとその輪が広がっていくこともあります。いろいろな人たちと付き合い、いい距離感で交流することは、あたたかい気持ちをもたらし、幸せにつながります。

「ありがとう！」因子は親との関係だけが決めるわけではありません。人生をいかに主体的に生きていくかで、いつからでも強化していくことは可能です。

ニコイチのための「ありがとう！」因子

感謝する。そうすればあたたかい感情が深まります。

個人の「ありがとう！」因子が強くなれば、いつもニコニコやさしく愛情あふれた人になります。人を喜ばせることが自分の喜びという、「仏様のような人」

が時々います。そういう人の周りには、悪人はあまり寄ってきません。愛情もまた「やってみよう！」の前向きさと同じように周りに伝わっていきます。

ヒトは「利己性」と「利他性」を持っています。自分のことを考える利己性と、人のことを考える利他性です。いま、シングルでパートナーを探している人も、**利他的なほうが幸福度が増し、いいパートナーにめぐり合える可能性が高い**でしょう。

普通に考えると、自分を優先して行動したほうが、スムーズに幸せになれそうな気がするかもしれません。募金をすると、自分のお金が減るから、幸福度も減るのではないか？　と。

思い出してください。「お金」は地位財でした。人より多ければ長続きしない幸せが得られ、人より少なければ不満を感じます。地位財にこだわるのは、際限のない比較と欲求の渦中に身を置いているということです。しかし、利己的欲求で得られるものには限界があります。利己的欲求により得やすいものはたいがい地位財だからです。逆に、愛情や自由といった非地位財は利己的であるほど得難いのです。

「お金は他者のために使ったほうが、自分のために使うよりも幸せ」という研究結果もあるほどです。時間やお金は、人のために使ったほうが幸せになれるのです。人に親切に愛情深く接することができれば、人に好かれます。

「ありがとう！」因子はニコイチの二人にとっても、大切な因子です。「ありがとう！」因子がない良好なパートナーシップなどあり得ません。お互いに心から感謝し合うこと、そして、相手のためを思うことは、幸せなニコイチの基本です。

逆にいえば、もし**いまニコイチがうまくいっていないのならば、「ありがとう！」因子が弱くなっている可能性があります。付き合いはじめた頃のことを思い出し、相手に感謝し、相手のことを思って行動してみる**ことです。そうすれば、固まっていた相手の心がほぐれるでしょう。

「ありがとう！」因子はニコイチの関係性では連鎖し合います。負のスパイラルに入っているならば断ち切って、お互いに感謝と思いやりを伝え合える正のスパイラルに切り替えるべきです。

「ありがとう！」因子が強い二人は、強いニコイチです。経済面、健康面など、なんらかの困難がニコイチに降りかかったときも、不平不満を言い合うのではなく、「ありがとう！」という気持ちを持ち、互いを尊重し合って思いやりを持てば、乗り越えられます。協力すれば、簡単には解決できないと思われていた課題も解決できるのです。なぜなら、**幸福度が高い人は創造性が高い**ことが知られています。また、**幸福度が高い人は問題全体を俯瞰でき、低い人は部分にとらわれる**ことも知られています。創造性を発揮して問題を俯瞰できれば、たいがいの課題は解決できます。

パートナーを認める「ありがとう！」の会話

何か不満があるとき、パートナーと、どんなふうにコミュニケーションを取っていますか？「あれをしてくれなかった」「私ばかりが」「どうしてあなたは」

など、ネガティブな会話が多くなっていないでしょうか。

共働きで子どもがいる場合には、とにかく忙しくて毎日をサバイブすることに必死だと思います。このように余裕がない状況では、誰しもイライラします。自分が犠牲になっているという感情が芽生えます。そして感情を相手にぶつけてしまいがちです。

しかし、覚えていてほしいのです。**ネガティブな言葉をできるだけ排除しながら、お互いに「こうしてほしい」と伝えあうことはできる**のです。

「あなたは○○をしてくれない」となじられたあげく「やって！」と言われるのと、「先週は○○をしてくれてありがとう」と感謝されたうえで、「今日もお願いできる？」と言われるのでは、結果の違いは明らかです。感謝が利他を育むんです。

最終的にはやることになるという点では結果は同じでも、言われた側の気持ちが違います。前者は、渋々になります。ネガティブに感情をぶつけられると、相手に対してネガティブな気持ちが芽生えます。一方、後者なら自分が疲れていたとしても相手が「喜ぶ顔を見られて嬉しい」と思いながら、楽しくできるのではないでしょうか。

日々の小さなできごとも、長期間にわたって積み重なると、ニコイチの関係性に大きな違いが生まれます。

相手に対する不満がたまりすぎた結果、「笑顔を見せたら損」とまで思うようになってしまっているパートナーも世間にはけっこう存在します。そんな人たちは、ここでいちど科学の力を信じてください。

嘘みたいと思われるかもしれません。とても簡単な方法を一つお伝えしましょう。**口角をキュッと上げてみる**のです。ヒトは口角を上げることで楽しくなれるのです。つくり笑顔です。それでいいのです。感情は後からついてきます。

相手との交渉がうまくいかずにイライラしたとき、さらに腹を立ててわざわざ嫌な気持ちになるのはナンセンスです。そこで、つくり笑顔です。せめて自分だけでも楽しい気分になってみる。にこやかにしていれば、相手も素直に対応をしやすくなるかもしれません。

もちろん、表面だけつくる笑顔ではなく、**心の奥底から湧き上がってくる笑顔がベスト**なんですけどね。しかし、むすっとしているよりも、つくり笑顔のほうがベターです。

家事や育児などの分担が不公平だと感じている場合、じっくり時間をかけて話し合う必要があります。忙しい毎日です。しかし、その時間をつくらず、毎日を憮然としながらサバイブし続けていくのは不幸です。

まずは自分だけでも楽しい気分になる努力をして、朗らかに会話をしようと心がける。忘れていた感謝の気持ちを思い出してみる。それをやってみても何も変わらない可能性もあるでしょう。しかし、いつも怖い表情でいることで、状況が好転することはあり得ません。

場合によっては、不機嫌なあなたに怒られないよう相手が思いどおりに動いてくれるということはあるかもしれません。しかし、その本当の心の内はどうでしょう。表面上はうまくいっているようでも、恐れているだけかもしれません。面倒だから合わせているだけかもしれません。そんな関係では愛情も深まりません。

良い関係をつくることを心がけて、相手が「喜んでやってあげたい」と思うように働きかけるほうが、いい結果をもたらします。

もっと言うと、そういう駆け引きをしているうちはまだ幸福度中級編です。「自分は何をしたい」よりも**「相手は何をしたいだろう」「相手は何をしてほしいだろう」を考えることを優先する**くらいだとさらに幸せです。私たち夫婦は、基本、そうです。別に無理して利他的にしているのではなく、一人だけの欲の張り合いよりも、ともに何かをしたり、相手に喜ばれたほうが楽しいから、自然にそうなっています。やはり基本は、相手を信頼し、尊敬し、思いやりをもって愛すること。これに尽きますよね。

どんな夢や趣味も人のためになり得る

あなたの夢はなんですか？　パートナーの夢はなんですか？

あるいは、あなたとパートナーの趣味はなんですか？

ワークショップなどで将来の夢や趣味を書いてもらうことがあります。それらに利他性が入っているかどうかで、その人の幸福度がわかります。**利他的な夢や趣味がある人は、生き生きしています。**自分だけのためでなく、誰かのため、社会のためになるようなことを成し遂げたいからです。

たとえば、家族を幸せにしたい、困っている人を助けたい、といった夢は利他的な（みんなのための）夢です。一方で、世界旅行に行きたい、美味しいものを食べたい、というような夢は利己的（自分のため）です。前者の夢を描けるほうが幸せです。これは愛情ホルモンといわれるオキシトシンやセロトニンが分泌されるからだと言われています。

世の中、たくさんの夢や趣味があります。そして、**実は、すべての夢や趣味は、よく考えてみると利他につなげることができます。**

たとえば、世界旅行に行きたいのなら、行った国々で貧しい人たちを援助するとか、誰か困っている人を助けるとか、日本語を教えてあげるとか、いろいろなことができます。美味しいものを食べたいのなら、自然栽培や有機栽培を頑張っている農家を応援するとか、美味しさを友達に伝えるとか、食費の一部を寄付するとか、友達にご馳走するとか、シェフに感謝を伝えるとか。

なんでもいいんです。自分以外の人が喜んでくれればそれは利他です。そして、**利己と利他の両面性を自然に理解する人は幸せ**です。

以上のように、「ありがとう!」因子も、利他性を意識することで、強化できます。自分のことを考えるのは悪いことではありません。自分のためになることと、人のためにもなることが、うまく重なるポイントを見つければよいのです。

いますでに楽しんでやっていることが、人の役に立つ可能性があるか？　そう少し意識を変えてみる。いま自分が楽しんでやっていることを、どうしたら人にも伝えられるだろうか？　ということからはじめてもいいでしょう。何か新しい楽しさを伝えてもらうことで、人はじゅうぶんに楽しい気持ちになれるのです。

自分以外の人を少しだけ視野に入れてみる。その結果として、新たに「やってみよう！」と思えることが見つかることもあります。「やってみよう！」因子は幸せをもたらします。自己肯定感も上がります。第1因子・第2因子をともに伸ばせばもっと幸せになれるのです。

大丈夫。
達観・俯瞰・直感が
問題解決の鍵。

「なんとかなる！」因子（第3因子）とは

第3因子は、「なんとかなる！」因子。前向きと楽観の因子です。「なんとかなる！」因子が強い人は、次のような人です。

- 考え込みすぎずに決断できる
- 失敗しても立ち直るのが早い
- 肝が据わっていて度胸がある

何かを決めようとするときに、踏ん切りがいい。リスクを考えるときに、まあ大丈夫だろうとポジティブに考える傾向。失敗しても、仕方がなかったと気持ちを切り替えることができます。

あっけらかんです。運命のいたずらのような苦しい状況に陥ってもジタバタせずに「大丈夫」と思える人。肝が据わっていて、運命に翻弄されにくい、達観した人です。**くよくよする時間が少なくて済むということは、結果として、楽しい時間が長い、幸せな人**でいられるということです。

「なんとかなる！」因子を伸ばすには

NICOICHI

前にも述べましたが、人の心理特性の約半分は先天的に決まっている傾向があると言われています。主観的な幸福も例外ではなく、約50パーセントは遺伝によって決まっていると言うべきでしょう。言い換えれば残りの50パーセントは後天的に決まるということです。

また、神経伝達物質であるセロトニンが不足すると、情緒不安定やうつ状態が生じると言われています。セロトニンは、日光を浴びることや軽い運動をすることで分泌されます。白い肌を保つために日に当たらないというのは、幸福学の観点からは要注意です。**気分が沈んでいるときは外に出れば少し前向きになれる、というのは理にかなっています。**楽観性にかかわる「なんとかなる！」因子を伸ばすには、規則正しく朝起き、引きこもらずに外に出ることが意外と大きな効果を発揮するのです。

心の持ちようはどう鍛えればいいのでしょうか？　ここで一つ質問です。

質問：　いくつかの選択肢から一つを選ぶとします。あなたはどちらのタイプですか？

①　考え得るリサーチとイメージトレーニングを尽くしてから、ベストな選択をしようとするタイプ

②　ある程度リサーチをしたら、結局「えいや！」で決めてしまうタイプ

幸福度が高いのは②です。そこそこで満足する人が、ベストな選択をしようとする人よりも幸せを感じやすいとは、意外かもしれません。そこそこで選ぶと失敗しそうに思えます。しかし、研究によると、②のほうが幸せになりやすい人な

のです。「なんとかなる！」因子が強い人は仮に失敗してもあまり落ち込みません。**何かをくよくよと考えすぎてしまうときは、気持ちを切り替える訓練をしてみる**とよいでしょう。考えないために場所を移動することも有効です。趣味でもスポーツでもいいので、何か没頭できる機会をつくれるといいですね。

【事例】飛び込めば結果は後からついてきた

日本人は傾向として悲観的な人が多いと言われます。ある研究によると、多くの日本人は諸外国の国民に比べると遺伝的にセロトニンの分泌が少ない傾向があるそうです。

しかし、先天的な気質がそうだとしても、気質の半分は後天的に変えられる可能性が高いと何度も述べてきました。私は高校を卒業するくらいまでは内気でどちらかと言えば悲観的な性格でした。引っ込み思案で、入りたい部活にも入れないようなタイプでした。しかし、大学に通うために上京することになったとき、自分を変えようと決めました。明るく積極的な人になろうと思ったんです。

学生時代は、サークル活動、創作活動、バンド、スポーツ、アルバイト……。飛び込む気持ちでいろいろなことに積極的に参加してみました。

はじめのうちは、失敗もしました。ぐったりと疲れもしました。しかし、とても楽しかった。「なんとかなった！」のです。やめようとは思いませんでした。

何か活動をはじめると、そこから輪が広がりました。新しいつながりができ、自分の興味も世界もどんどん広がりました。もう以前の自分に戻りたいとは思いませんでした。なんとかなる。人は後天的に変わることができるのです。

ニコイチのための「なんとかなる！」因子

NICOICHI

幸福度の高い人はよいできごとをよく覚えています。起こったことをポジティブに解釈する傾向があります。「今日はよかったな」「あれは楽しかったな」といった幸せな記憶です。

こういう経験がありませんか。楽観的な気分のときは、物ごとを広い範囲で捉えて俯瞰できる。反対に悲観的な気分のときは物ごとの細かい部分に目がいってしまう。システム思考で説明すると、**楽観的なときは「関係性への着目」、悲観的なときは「個別要素への着目」をしている**からです。

これを実生活に置き換えてみましょう。自分の人生について思い返してみてください。楽観的なときは「いろいろあるけど、私は幸せだ」と感じます。悲観的なときは「うまくいっていないところ」にばかり目を向けてしまいがちです。しかし、ここで少し気を持ち直して、そこそこで大丈夫、と思うように意識してみることが幸せになるためのマインドです。なんとかなる！　です。

シングルでパートナーを探している人にはこうした心の持ちようがいい出会いをもたらすでしょう。前向きかつ楽観的に「人のいいところを探せる」ということだからです。「ベストな選択」を求め過ぎる人は、選択の末に得られた幸福感よりも、選択から外したものを得られなかったことへの失望を強く感じる傾向があります。

結婚相談所に登録したり、マッチメーキングサイトを利用したりすると、たくさんのパートナー候補を紹介されます。そうすると「選択肢がありすぎて選べない」という状況に陥る人が出てきます。しかし、「なんとかなる！」因子が強ければ、ある程度の基準をクリアしていて、いい部分が感じられたら、とりあえず会ってみようと考えるでしょう。

「会うなら時間を無駄にしたくない。慎重に選びたい」と、エクセル表をつくって相手候補のプロフィールを分析したりするタイプは、なかなか踏ん切りがつきません。パートナー候補はいくらでもいるかのように思えてきます。なんとか誰かに決めても、選ばなかった人とつい比較してしまう……。

長い期間にわたって婚活をしてきて、それなりに人とも会っているのに決められないという人は、「ベストな選択」を求めすぎている可能性があります。

「絶対に外せない条件」をクリアしていれば、「なんとかなる！」という気持ちで会いに行く。そして、ポジティブな気持ちで相手のいいところを探そうとする。そんな楽観性をおすすめします。誰にでも、身上書に書ききれないいいところがたくさんあるものです。また、性格は後天的に変わるのです。なんとかなります。「絶対に外せない条件」でさえ思い込みかもしれません。**世の中に絶対なんてないのですから。**

「なんとかなる！」因子が強い人は、いい出会いが多いでしょう。また、この因子が強い人は、心配しすぎることなく、いろいろなことにチャレンジできます。結果、自分を好きでいる自己肯定感も高まります。

また「なんとかなる！」因子を高めることはニコイチにもいい影響を与えます。自分一人では悲観的になってしまうような状況でも、パートナーが楽観的な態度で励ますことで、ニコイチとして「なんとかなる！」というマインドを持つことが可能になります。さらに、**一人で考えるよりも二人で考えるほうが、問題解決のアイデアもたくさん出ます。**ニコイチは、「なんとかなる！」因子を高める関係でもあるのです。

【事例】「やってみよう！」を引き出す「なんとかなる！」因子

大学教員になって、はじめの1年は大変でした。いま振り返ると、キャリアにおける最大のピンチでした。そしてターニングポイントでもありました。

一般企業とは違う、大学という畑違いの職場です。なんども挫折し、もう辞めようかとさえ思いました。まさに試練の1年。しかし、妻はまったく不安な素振りを見せませんでした。

普通は負の感情が伝播しそうなものですが、彼女はいつも「あなたなら絶対に大丈夫。なんとかなる！」と励ましてくれました。実際に言葉だけではなく本当にそう信じてくれました。

妻のお父さんも妻と同じく前向きで楽観的です。「隆司さん、入ったが勝ちだよ。はっはっは」「いちばん大事なことは『自分が見ている』だよ。自分の人生、悔いのないように生きなさい」あたたかく力強い言葉でした。

そのおかげで、私は乗り切ることができました。私自身の「なんとかなる！」因子が鍛えられた1年でした。

どんな世界でも、一流になれる人は「なんとかなる！」因子が強い人です。スポーツの試合などで、相手に追い込まれたときに精神的に強い人がいます。スポーツにかぎらず、本番に強い人もこのタイプです。精神的に負けないでいるためには「なんとかなる！」という気持ちが大事です。ビジネスで新しく大きなプロジェクトを手掛けるときも「なんとかなる！」という気持ちがなければ前に進みません。「なんとかなる！」因子が強いと、「やってみよう！」となるわけです。

もし仮に**「なんとかなる！」因子が強くなくても、周りにその因子が強い人がいて、励ましたり助言したりしてくれれば「挑戦してみよう！」という気持ちになれる**でしょう。ニコイチとは、一人でいるときよりも、二人で励まし合い、助言し合うことによって、ともに成長していくチャンスが増える関係性なのです。

論理の楽観主義者V.S.感性の楽観主義者

妻のほうが私よりも楽観的ですが、私も楽観的なほうだとは思います。ただし、私たち夫婦の楽観性はどうやら種類が違うように思います。同じように楽観的でも、私は、左脳的（論理的）なポジティブ、妻は右脳的（感性的）なポジティブです。

何かをやりたいなあ、でもどうしよう、と考えることがあります。そんなときに、私は「では、こうなったら次はこうしよう」とか「ダメだったら、次はこういうアプローチでいこう」と、論理的にイメージを詰めていきます。考えられるリスクや失敗の原因を一つずつつぶします。そうすることで、これならいける、とポジティブに挑戦してみる気持ちになれるのです。

また、研究から導いた結論として私は**「心は幻想」だ**と思っています（207ページ参照）。「心は幻想」だとすれば、いま自分が持っている感情も実際には存在していないはずなのです。本質的に、何も失うものはない。だから、何が起きても大丈夫なのです。

私のポジティブさは、考えて、考えて、考え抜いた結論としてのポジティブさです。一方で妻は生まれたときから天然のポジティブ。

こうした違いは先天的な性質かもしれません。**論理が好きな人もいれば、感性が強い人もいます。**私はロジックで考えないと安心できません。しかし、根拠など何もないのに楽観的な人もいます。

妻の場合、うまくいく確証などなくても、ときめいてワクワクしたら「やってみたい！」と思える。もともと幸せの第3因子（「なんとかなる！」因子）と第1因子（「やってみよう！」因子）が強い人なのです。私のほうは、その2つの因子が、考えることで後天的に身についてきたものだと思います。

もちろん、何ごとも、そしてどんな人であっても、きっぱり両極端ではありません。**みんな論理と感性の間を行ったり来たりしながら幸せになるための選択をしている**のです。

たとえば、失敗した経験をいったん論理的に処理したとします。その失敗のことは忘れてしまっていたとしても、似たような状況に陥ったとき「なんとなくこうしたほうがいい、と答えを右脳的に導き出すということがあるかもしれない。「なぜこうするの？」と聞かれたとき、私はロジックの引き出しからいろいろと理由を述べます。対して妻は、かつて似たケースが左脳で処理された経験はあるのだけれど、その部分を言語化しないので「なんでかわからないけど、こうする」という決断をする。そういうことかなと考えています。

ちなみにいまの世の中では、言語化できる人は頭が良い人と思われがちです。たしかに言語化には脳の多くの部分を使います。しかし、**言語化の能力よりも直感力が強い人は、決断力があります。**説明はできないけどこれがいいということを見抜く力です。筆記テストでは測れない力です。

直感タイプの人は経営者やアーティストにたくさんいます。こういう人はゼロから新しいことを創造するときに力を発揮する人といえるでしょう。

人にどう見られるか
より、
自分が自然体で
いられるか。

「ありのままに！」因子（第4因子）とは

第4因子は「ありのままに！」因子です。独立と自分らしさの因子。「ありのままに！」因子が強い人は、次のような人です。

● 地位財型の競争を好まない
● 自己像が明確
● 他者への許容度が広い

この因子が強い人は、自分自身が根っこのところでブレない人です。人と比べて自分の価値を決めるのではなく、自然な自分を肯定できている人。自分をありのままで受け入れているのと同じように、ありのままの他者を受け入れるので、イライラしません。

人は人、自分は自分。自己像や自分の個性を明確に知っていて、自分の軸がしっかりしている人は、妬みそねみがない人です。自分に満足できているから、幸せです。

「ありのままに！」因子を伸ばすには

「ありのままに！」因子が弱くて、自分に自信を持てず、何をするにも人目が気になってしまう人がいます。自由に行動する勇気が持てずに萎縮してしまう人。そんな人も、安心してください。

意識次第で「ありのままに！」因子も強化することができるのです。ここでは「**メタ認知**」の手法を紹介しましょう。メタ認知とは心理学や脳科学で使われる言葉です。知覚、情動、記憶、思考といった**自分自身の認知活動を客観的に俯瞰してとらえる**ことです。認知を認知するという意味です。そのうえで、自分の行動を評価し、コントロールします。心理療法や認知カウンセリングでよく使われる方法です。

まず自分自身を第三者から見るようなつもりで観察します。自分の行動や状態を客観的に見るわけです。

たとえばあなたがプレゼン前にドキドキしていたとしましょう。「わー、ドキドキするなー。どうしよう。みんなに見られている。大丈夫かなあ」などと考えます。これが認知です。メタ認知とは「ああ、自分はドキドキしているなあ。不安になっているし、手に汗を握っている。人に見られていることで頭がいっぱいになっているなあ」のような意識状態。**認知している自分自身の心を客観視するのがメタ認知**です。

私もかつてそうでしたが、「人からどう見られているか」を気にしすぎる人がいます。そういう人はたぶん、「自分がどう見られているか」を自分自身で確認することもしやすいと思います。「客観的に自分を見る」メタ認知力が高いのです。

メタ認知力が高いということは、自分を変える能力が高いということです。

「ありのままに！」因子を強くするために、まず自分を客観的に観察しましょう。

もしもメタ認知をした結果「人の目を気にしすぎている自分」に気づいたとしたら、それだけでいいのです。**「人の目が気になるなー」と認知しているときは緊張しますが、「人の目を気にしているなー」と客観視できると妙に落ち着いてくる**ものです。自分を俯瞰的に見ることができているので、不安な認知に捉われなくなるからです。

メタ認知が上手になってくるとしめたものです。さらに発展して自分を変えることができます。たとえば、「人の目を気にせず自由な自分」に変えようと決めます。それから、少しは勇気がいるものの、頑張れば達成できそうな小さな目標を設定します。それをクリアしてはハードルをほんの少し上げ、またクリアすることで、成功体験を積み重ねることができます。

たとえば、会釈をするだけで言葉を交わしたことがなかった近所の人に、思い切って挨拶をしてみる。そんなことでいいのです。「いきなり挨拶したらどう思われるかな?」と不安になるかもしれません。それでもとりあえず「やってみよう!」です。「おはようございます」と言ってみる。冷静に考えると、何も恥ずかしがるべきことではないばかりか、みんなにとって幸せなことであるはずです。

このようにして、メタ認知を足がかりに一つずつ経験を積み重ねます。昨日より今日、今日より明日。少しずつ「人の目を気にせず自由に生きても大丈夫なのだ」と自分自身に学習させていきます。すると、あるとき、いつのまにか変わっていた自分に気づく日が訪れるでしょう。

自由にありのままになることが怖い

人の目を気にしすぎず、自分らしく生きること。これは簡単なようで、難しいことです。

近年では、フェイスブックやインスタグラムなどのソーシャルメディアで、知人や友人が楽しそうにしている写真を見て落ち込む人も多いことが知られています。

英国の「デイリー・メール」紙が伝えた話によると、英国人の3分の1が自分の人生に不満を感じていて、ソーシャルメディアの利用者にかぎるとその割合は半分になるそうです。特に25～34歳の世代では3分の1が「オンライン上で見せている自分の姿が本当の自分の姿だったら」と思っているのだとか。つまり、ソーシャルメディア上で取り繕っている自分はありのままの自分ではないと感じている人がけっこうな割合でいるわけです。

ソーシャルメディアで他人の生活を垣間見たときに、落ち込んでしまう心理状態は、「私はあの人に比べると全然うまくいっていない」「あの人はいつも旅行に行って素敵な経験をしている。羨ましい」「こんなことができるのは、一部の恵まれた人だけだ」といったものです。専門用語では「**精神的剥奪**」といって、ありのままの自分が剥奪されたような気がしてしまう状態です。他人と比較をして落ち込んでいるのです。しかし、そうした他者の姿はその人のありのままの姿ではない可能性があるのですから、比較しすぎるのは禁物です。

日本の文化には同調圧力が強いという特徴があります。同調圧力とはもともと、ある特定のグループで意思決定をする際、少数派に対して多数派の意見に合わせるようプレッシャーをかけることを意味していました。それがいまでは「みんなと同じでなければならない。人と違うことをして目立ってはならない」といった意味合いにまで、広く使われています。

みんなと同じように行動する傾向にはメリットもあります。日本では大災害などが起きて混乱しても、店が略奪されるような事件はあまり起きません。いざというときに、一致団結してことに当たるスキルが高い。**「みんなが大変なときに、自分だけがいい思いをしてはいけない」**と自分を律する気持ちが働くのです。これは素晴らしい、**思いやりの心**です。

ただ、これが行き過ぎると、よくありません。昨今、ブラック企業が問題になっています。手当ての出ない「サービス残業」を、「みんながやっているのだから」という理由で強要するような職場です。

みんなが「おかしい」と思いながらも変えることができない制度や伝統は、変えようとするときに大変なエネルギーが必要です。とりわけ「みんなにどう思われるか」という心理面での負担は相当なものです。

もちろん、日本以外の国でも同調圧力がないわけではありません。また、日本でも、**最近は多様性、ダイバーシティー、インクルージョンというキーワードが一般的**になってきました。どんな人も、人の目を気にせずに自分の思うように自分らしく生きるべきだという考えかたが浸透《しんとう》してきました。

ニコイチのための「ありのままに！」因子

二人の人間がパートナーシップを結ぶ前には、やはり一方が最初のアプローチをするケースが多いでしょう。その際に「ありのままに！」因子が強ければ役に立ちます。自己肯定感が強ければ、ありのままの自分をアピールする行動がしやすいでしょう。

この因子が弱い人は少し苦労します。まず不安が頭をもたげます。「ありのままでぶつかって相手に嫌われたらどうしよう」「みんなにバレたらはずかしい」「相手にバカにされるのでは」など、相手の気持ちや、人の目が気になります。

せっかくお互いに気になる者どうしでも、双方この因子が弱い場合はもったいないですね。どちらも何も言い出せないという状況が続く場合があります。一方が勇気を出してアクションを起こさなければ、永遠に二人は一緒になれない。古典的な日本のドラマのようなシナリオに陥ります。

アプローチはうまくいかないこともあります。知人にバレて気まずくなるということも起こります。それらはすべて、アプローチするという行動につきまとうリスクです。でも、**リスクを恐れて行動しなければ何もはじまらない**のです。**リスクをとることは、ときに幸せになるために必要なステップ**なのです。

ちなみに、アプローチするときに「ありのままに！」因子と同じくらい大切なのは、相手の気持ちを理解する能力です。相手の一挙一動をよく見ていれば、相手の気持ちはだいたいわかります。**独善的で自分の話ばかりしているような人は、相手を見ていないので、相手の気持ちがわからない**のです。相手が自分に好意を持っていると確信できれば、もはやなんのリスクも感じずにアプローチできるはずです。

さて、アプローチがうまくいかなかったら、幸せになるどころか不幸になってしまいます。しかし、望みのない関係に淡い期待を抱いて、何年も過ぎてしまうということを防げたのです。また、失敗によってまた一つ成長したのです。いいことではないですか。一つの可能性がなくなったとしても、成長したあなたは気持ちを切り替えて新しい未来に進むことができます。

すでにニコイチの二人の幸せにも「ありのままに！」因子は大切です。付き合って日が浅い二人にありがちなのは、お互い気取ってかっこうをつけるという在りかたです。相手によく思われたいという気持ちはよくわかります。いい自分を演じていると本当にそのようになれる場合もあるという研究もあります。しかし、**自然体のありのままの自分と、相手の前での演出した自分が乖離していると、だんだんと無理が出てくる**場合が多いのではないでしょうか。

先ほど取り上げた、ソーシャルメディアの自分が本当の自分ならよかったのに、という人たちと同じです。本来はいちばん自分に近い存在でいてほしい相手に、自分を見せられない。これでは疲れてしまいます。相手との距離はどこか縮まらないままになります。

長いリレーションシップや、強い信頼関係のためには、自分の腹のなかまで相手に見せる覚悟が必要です。お互いにそうすることで、パートナーシップは他の人との関係にはない、自然体で安心できる、いつも戻ることができる場所となるのです。

むしろ、何も隠しごとなくオープンに自分をさらけ出し合って、わかり合っていると、実は楽です。何しろ**気取っていないのだからストレスがありません。**自分が開くと相手も開きます。よって、信頼関係も高まります。つまり、より幸せになります。ニコイチとは、ありのままの自分を自然体で見せ合うことなのです。

私たち夫婦の場合、自分の手の内を相手に見せることに、もはやなんの覚悟もありません。二人の間に、まったくなんの秘密もありません。**すべてオープン。すべて信じて、尊重する。これがいちばん幸せな在りかた**なのではないでしょうか。

ニコイチの幸福度チェック

NICOICHI

「幸せの４つの因子」について解説をしてきました。ここではいちど、いまの「あなたの幸福度」と「パートナーの幸福度」をチェックしてみましょう。

チェックには**「人生満足尺度（SWLS：the Satisfaction with Life Scale）」と、「『幸せの４つの因子』の質問16項目**」という2種類のテストを使います。

「人生満足尺度（ＳＷＬＳ）」はイリノイ大学名誉教授で「幸福学の父」と称されるエド・ディーナーらにより開発された主観的な幸福度の総合指標です。

「『幸せの４つの因子』の質問16項目」は「幸せの４つの因子」を導き出した16の質問です。

チェックはパートナーが協力してくれる場合、次の４パターン（①～④）について、それぞれステップ1～6までを行います。

【パターン】

①「あなた自身」の幸福度チェック

②「あなたから見たパートナー」の幸福度チェック

③「パートナー自身」の幸福度チェック

④「パートナーから見たあなた」の幸福度チェック

※②・④については、ステップ1・2の質問にある「私」をすべて「あなたのパートナー」に置き換えて回答してください。

【手順】

ステップ1：『人生満足尺度（SWLS）』の質問」（139ページ）に回答する

ステップ2：『幸せの4つの因子』の質問16項目」（140〜141ページ）に回答する

ステップ3：「幸福度の確認」（142ページ）に「ステップ1・2」の結果を書き込む

ステップ4：「幸せ診断の平均値」（144〜145ページ）で結果を確認する
ステップ5：『幸せの4つの因子』のバランス」（146ページ）に「ステップ2」の結果を書き込む
ステップ6：『幸せの4つの因子』による5ゾーン分類」（147ページ）に「ステップ2」の結果を書き込む

パートナーが協力してくれず、自分のみでチェックする場合は①と②の2パターンで行ってください。

ちなみに、パートナーとともに、4パターンすべてチェックしたほうがベターな理由は、自分自身で感じている幸福度と、互いから見たパートナーの幸福度のギャップが可視化できるからです。とりわけステップ5で描かれる図形が、各自が描いた図形とパートナーが描いた図形とで大きく異なる場合、互いをよく理解し合っていないと言えます。コミュニケーションを積極的に取っていく必要がありそうです。

■ ステップ1：「人生満足尺度(SWLS)」の質問

以下の7段階で回答し、5問の数値を足してください。

- □まったくそう思わない…1
- □ほとんどそう思わない…2
- □あまりそう思わない……3
- □どちらとも言えない……4
- □少しそう思う……………5
- □かなりそう思う…………6
- □とてもそう思う…………7

	質問	回答欄
1.	ほとんどの面で、私の人生は私の理想にちかい	
2.	私の人生は、とてもすばらしい状態だ	
3.	私は自分の人生に満足している	
4.	私はこれまで、自分の人生に求める大切なものを得てきた	
5.	もういちど人生をやり直せるとしても、ほとんど何も変えないだろう	
	1～5の合計	【A】

5.	人の喜ぶ顔が見たい	□	【C】
6.	私を大切に思ってくれる人たちがいる	□	
7.	私は、人生において感謝することがたくさんある	□	
8.	私は日々の生活において、他者に親切にし、手助けしたいと思っている	□	
9.	私は物ごとが自分の思いどおりにいくと思う	□	【D】
10.	私は学校や仕事での失敗や不安な感情をあまり引きずらない	□	
11.	私は他者との近しい関係を維持することができる	□	
12.	私は人生で多くのことを達成してきた	□	
13.	私は自分と他者がすることをあまり比較しない	□	【E】
14.	私に何ができて何ができないかは、外部の制約のせいではない	□	
15.	自分自身についての信念はあまり変化しない	□	
16.	テレビを見るとき、チャンネルをあまり頻繁に切り替えすぎない	□	

■ ステップ2：「幸せの４つの因子」の質問16項目

以下の７段階で回答してください。

- □まったくそう思わない …… 1
- □ほとんどそう思わない …… 2
- □あまりそう思わない ……… 3
- □どちらとも言えない ……… 4
- □少しそう思う ……………… 5
- □かなりそう思う …………… 6
- □とてもそう思う …………… 7

	質問	回答欄	
1.	私は有能である	□	【B】
2.	私は社会・組織の要請に応えている	□	
3.	私のこれまでの人生は、変化、学習、成長に満ちていた	□	
4.	いまの自分は「本当になりたかった自分」である	□	

■ ステップ3：幸福度の確認

点数

【A】 □ 5 — 20 — 35 ディーナーの人生満足尺度

【B】 □ 4 — 16 — 28 「やってみよう！」因子（自己実現と成長）

【C】 □ 4 — 16 — 28 「ありがとう！」因子（つながりと感謝）

【D】 □ 4 — 16 — 28 「なんとかなる！」因子（前向きと楽観）

【E】 □ 4 — 16 — 28 「ありのままに！」因子（独立と自分らしさ）

※ 出典：前野隆司著『幸せのメカニズム』

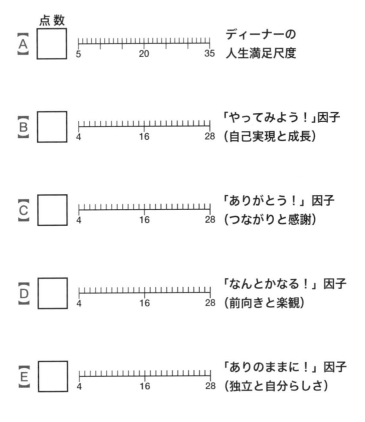

さて、あなたとパートナーの幸福度はどれくらいでしたか？　また、あなたとパートナーがそれぞれ互いを見たときの幸福度はどれくらいでしたか？

ステップ３の結果を踏まえてオンラインの幸せ診断に参加した１万５０２８人の平均値をステップ４で確認してみましょう。

【C】 「ありがとう！」 因子 （幸せの第2因子）	人の喜ぶ顔が見たい	6.07 (　　)	23.80 (　　)
	私を大切に思ってくれる人たちがいる	5.85 (　　)	
	私は、人生において感謝することがたくさんある	6.14 (　　)	
	私は日々の生活において、他者に親切にし、手助けしたいと思っている	5.74 (　　)	
【D】 「なんとかなる！」 因子 （幸せの第３因子）	私は物ごとが自分の思いどおりにいくと思う	4.49 (　　)	17.41 (　　)
	私は学校や仕事での失敗や不安な感情をあまり引きずらない	3.78 (　　)	
	私は他者との近しい関係を維持することができる	4.72 (　　)	
	私は人生で多くのことを達成してきた	4.42 (　　)	
【E】 「ありのままに！」 因子 （幸せの第４因子）	私は自分と他者がすることをあまり比較しない	4.01 (　　)	18.99 (　　)
	私に何ができて何ができないかは、外部の制約のせいではない	5.22 (　　)	
	自分自身についての信念はあまり変化しない	5.21 (　　)	
	テレビを見るとき、チャンネルをあまり頻繁に切り替えすぎない	4.55 (　　)	

※出典：http://lab.sdm.keio.ac.jp/maenolab/questionnaire_about_happiness.htm

■ ステップ4：幸せ診断の平均値

以下は、オンラインカウンセリングcotreeの幸せ診断参加者15,028人の平均値です。

（　　）に診断結果を書き込んでみましょう。

		診断結果	
【A】人生満足尺度（SWLS）	ほとんどの面で、私の人生は私の理想にちかい	4.47（　　）	22.53（　　）
	私の人生は、とてもすばらしい状態だ	4.61（　　）	
	私は自分の人生に満足している	4.68（　　）	
	私はこれまで、自分の人生に求める大切なものを得てきた	5.06（　　）	
	もういちど人生をやり直せるとしても、ほとんど何も変えないだろう	3.72（　　）	
【B】「やってみよう！」因子（幸せの第1因子）	私は有能である	4.32（　　）	17.85（　　）
	私は社会・組織の要請に応えている	4.35（　　）	
	私のこれまでの人生は、変化、学習、成長に満ちていた	5.09（　　）	
	いまの自分は「本当になりたかった自分」である	4.09（　　）	

■ ステップ５：「幸せの４つの因子」のバランス

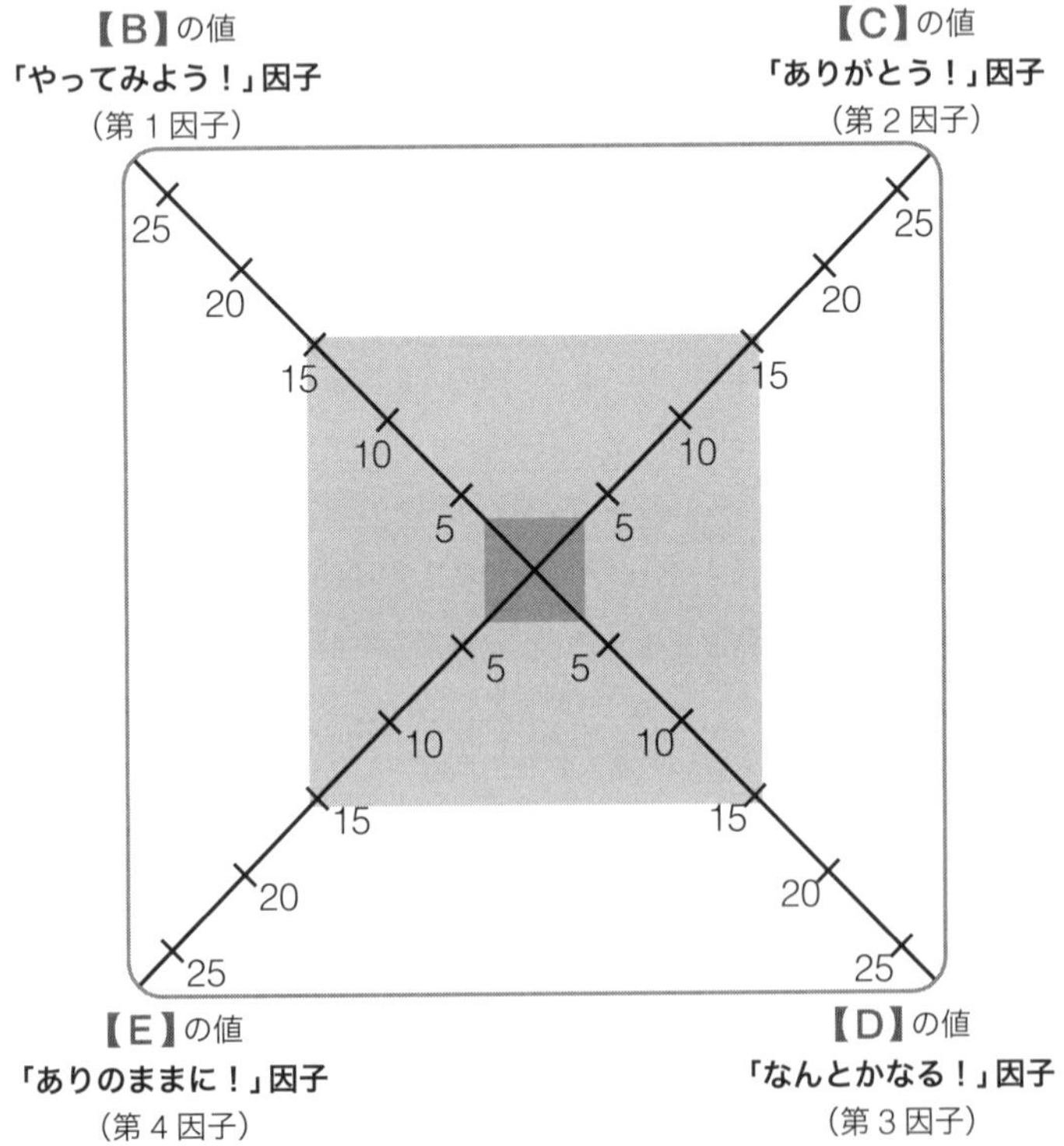

※ 出典：前野隆司著『無意識の力を伸ばす８つの講義』

■ ステップ6：「幸せの4つの因子」による5ゾーン分類

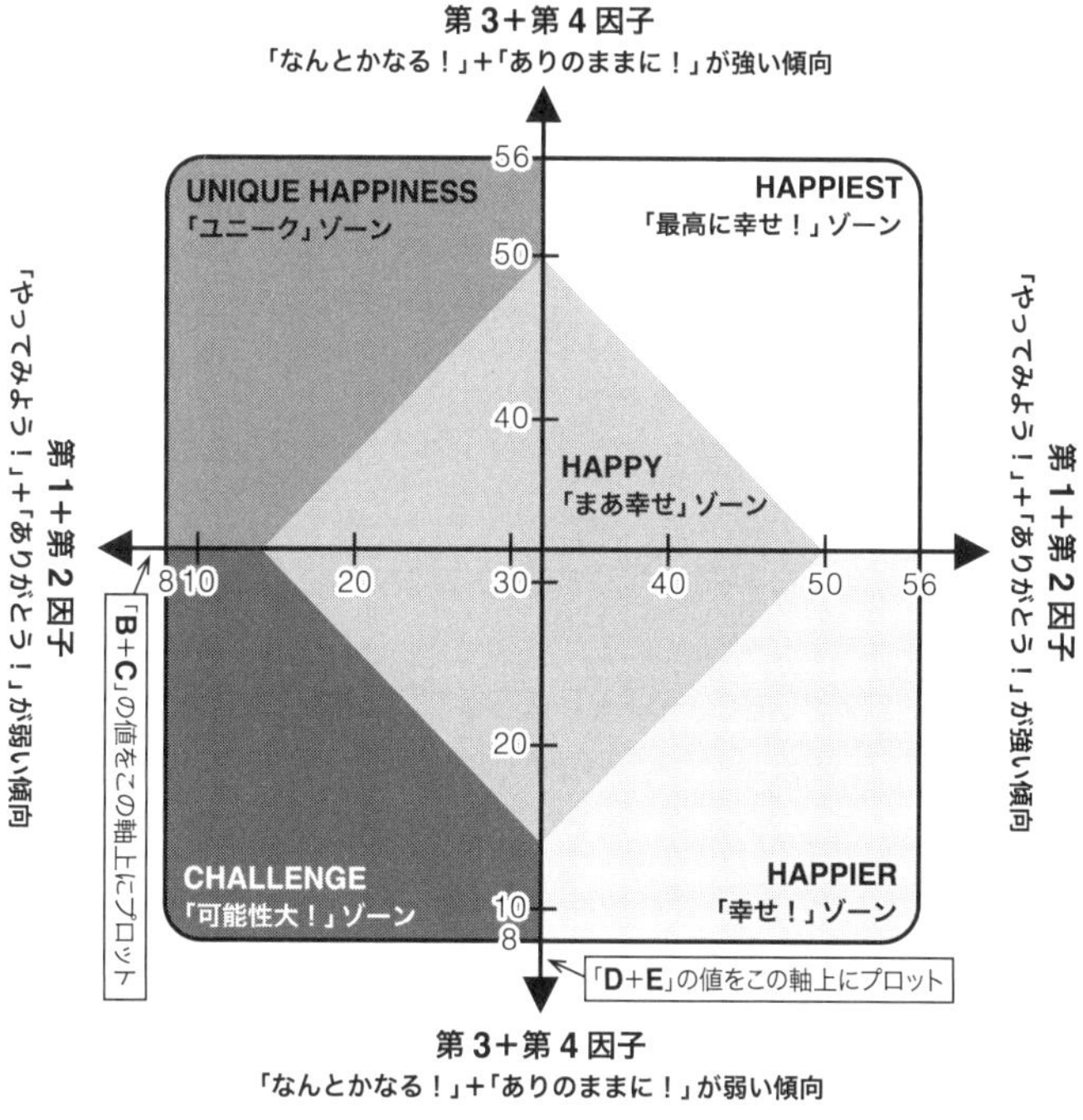

※出典：前野隆司著『無意識の力を伸ばす8つの講義』

【各ゾーンについて】

HAPPIEST（「最高に幸せ！」ゾーン）
5つのゾーンのうち、もっとも幸福度が高いグループ。

HAPPIER（「幸せ！」ゾーン）
5つのゾーンのうち、2番目に幸福度が高いグループ。「なんとかなる！（第3）」因子と「ありのままに！（第4）」因子を高めることで、さらに幸せになれる。

HAPPY（「まあ幸せ」ゾーン）
ふつうに幸福を感じているグループ。日本人はこのゾーンがもっとも多い。4つの因子をまんべんなく高めることで、もっと幸せになれる。

UNIQUE HAPPINESS（「ユニーク」ゾーン）
幸福度はやや低めだが、「なんとかなる！（第3）」因子と「ありのままに！（第4）」因子が高いので個性的。「やってみよう！」（第1）」因子と「ありがとう！（第2）」因子を高めることで、もっと幸せになれる。

CHALLENGE（「可能性大！」ゾーン）
いまは幸福度は低め。それだけに4因子とも伸ばせる可能性に満ちているグループ。

※http://well-being-design/
2018年より、幸福度を調査し、可視化できるサービスをはじめました。個人は無料で測定できます。

４つの因子の値はいかがでしたか？　私たちの研究によると、４つとも高い人がもっとも幸せで、どれかが低いと少し幸福度も低い傾向がありました。４つとも低い人は不幸せでした。よって、この結果を見て、強いところを伸ばしたり、弱いところを強化したりすれば、幸福度が上昇していくでしょう。

幸せは筋トレのようなもの

幸せがどのような因子で構成されるかについて説明してきました。４つの因子を知ったことで、誰でももっと幸せになることができます。日々、４つの因子を意識して、筋力トレーニングを積み重ねるように「幸せ筋肉」をつける訓練を積み重ねてください。

生きていればいろいろなことがあります。失敗したり、がっかりしたりすることもあります。そうした経験をうまく消化できずに、そのままでいると、幸福度が下がることもあります。逆に、**失敗しても、経験を次に生かそう！** と前向きに捉えれば、幸福度は上がっていきます。人としても成長します。学術的には、**ポストトラウマティックグロース（心的外傷後成長）といいます。苦しいことを乗り越えると、人は強く、幸せになれる**のです。だから、あきらめないことです。いまからでも、いつでも、人間は変われます。

ここで、幸せの因子を高めるために今日からでもできる簡単なトレーニングを記しておきましょう。すべて、学術的な研究により「幸福度が上がる」ことがわかっている行為です。それぞれ、ほんの少しの時間しかかかりません。やればできることばかりです。

- 猫背にならず、姿勢を正して胸を張る
- 上を向いて過ごす（気が付くと下向きになっている人は注意）
- 口角を上げる（つくり笑いでもある程度の効果が得られる）
- 心からの笑顔で笑う（つくり笑いよりも効果が大きい）

● パートナーや子どもたち、可能であれば友人とも、ハグなど体に触れるスキンシップを心がける

● 深呼吸する。あるいは、呼吸に集中してリラックスする

ただし、これらは、対症療法的な幸福度向上法です。本当に幸せになるには、一見時間がかかりそうですが、これまでに述べてきた幸せの4つの因子を高めることが近道です。以下が、幸せな人の条件です。

● 心より「やってみよう！」と思うことがあること。できれば、人生をかけて成し遂げたいことが見つかっていること。ニコイチの場合は、パートナーのやりたいことも見つかっていて、ともに学び成長していること

● 心よりあらゆる物ごとに感謝していること。世の中のあらゆる物ごとに思いやりを持ち、多様な仲間とともに、より良い世界を創るために歩んでいること。パートナーのことを、信頼し、尊敬し、愛していること。いたわり合い、支え合っていること

● 困難にも「なんとかなる！」と立ち向かう前向きさと楽観性を持っていること。パートナーとともに力強くチャレンジしていること

● 自分らしく「ありのままに！」生きていること。人と自分を比べたり、自慢したり、妬んだりせず、自分の軸と個性を明確に持っていて、ぶれないこと。パートナーのパートナーらしさもじゅうぶんに理解していて、ともに応援し合っていること

以上の条件、いかがでしたか？　これらを満たしていれば、あなたは幸せです。満たしていなかったとしても、心配はいりません。これから、成長していけばいいのです。ぜひ、どこを満たしていて、どこを満たしていなかったかを明確にしてください。人は、目標が明確なときに、大きく成長できるのです。

前に、幸せな人は性格のいい人だと述べました。先ほどの条件を満たす人は、決断力があり、誠実で、やる気もあって、優しく、包容力があり、前向きで、明らかにいい人ですよね。ぜひ、あなたの理想像をイメージし、そこへ向かって一

歩ずつ歩んでください。

　武道や茶道、華道と同じく、**幸せになることは長く続く道**です。みんなで歩む限りのない道です。ぜひ、**手を取り合って、ともに、一歩ずつ歩もうではありませんか。**

ニコイチ体験談②

夫：【44歳／会社員（システムエンジニア）】
妻：【52歳／主婦】

・**結婚年数**：19年
・**子ども**：長女（18歳）／長男（15歳）／次男（13歳）

片づけられない妻との冷え切った関係

ずっと離婚したいと思ってきました。

妻とは大学を卒業すると同時に結婚しました。卒業後すぐに会社に入社し、その年の12月には長女が生まれました。人生のイベントが３つ同時にやってきた２０００年でした。

その後、長男と次男に恵まれ、いまは5人家族です。うちの子ども達は個性的で、それぞれが難しさを抱えています。18歳の長女は小学校6

年生から不登校になり、いまは通信制高校に週2日のペースで通学しています。15歳の長男は高機能自閉症という発達障害、13歳の次男はADHDという発達障害との診断を受けています。

妻は片づけができません。面倒なことは後回しにしてしまう性格です。片づけができないところは次男によく似ています。

それに対して、私は片づいていないと不快なタイプです。散らかっていると、耳のそばでサイレンが鳴り続けているかのように、視覚にノイズが入り続けるような感覚があるのです。だから、いつも片づけて回ります。しかし、妻は、私が片づけたそばから散らかしてしまうのです。結婚当初から片づけをめぐっては、ずっとケンカしてきました。

次男のADHDに向き合ううちに、納得できるようになってきた部分はあります。やらないのではなくて、できないのだ、できたとしても相当の意志を使ってやり遂げているのだ。これは本人にとっては大変なことなのだ。そう理解できるようになったので次男によく似た妻に対しても同じように思うようになりました。

しかし、頭で理解していても、感情的にはなかなか簡単なことではありません。片づけの問題以外にも、妻の自分中心な性格に振り回される毎日です。

妻は私に対しても子ども達に対しても、私からは心ないと映る言動を取ることがよくあります。子ども達の食事を用意するよりも、ゲームに夢中で、食事が遅くなることがあります。そうしたくり返しのなかで、妻に対する不信感が募っていきました。だんだんと心が離れていきました。やがて思いつめて離婚を考えるようになりました。

過去にいちど、妻が脳梗塞で倒れたことがありました。意識を失ったのですが、そのときには「これでやっと解放される」という感情が一瞬頭をよぎりました。あわてて救急車を呼び、妻は一命を取り留めました。幸い後遺症もなく、回復しました。しかし、あのときに頭をかすめたあの感情はいまでも鮮明に覚えています。もちろん、そのことは妻には言っていません。

子どもたちの発達障害がきっかけで、多様性を認め合える社会であって欲しいと強く願うようになりました。そして、私自身もさまざまな人を受け入れられる人間でありたいと思うようになりました。それなのに、いちばん身近にいる他者、つまり妻のことが受け入れがたくて苦しみました。多様性を受け入れるなんて、きれいごとを言いながら、全然できていない。私は自分を責め、自己矛盾に苦しみ続けていました。

講座を受講したのは、自分が妻との関係性を修復したいためなのか、ただ「幸福学」について学びたいだけだったのか、自分でもよくわかりません。わからないまま、飛び込みました。

妻なりの愛情表現

講座には一人で参加しました。かつて、一緒にアンガーマネージメントの講座に参加しないかと妻を誘ったことがあります。しかし、答えは「NO」でした。妻は自己啓発的なことは好みません。アンガーマネージメントも「幸福学」も自己啓発とは違いますが、理解を得られるとは思いませんでした。誘っても嫌な気持ちになるだけと思い、声はかけませんでした。

私は6回の講座のうち4回に参加しました。そのなかで特に印象に残ったものは二つです。一つは「5つの愛の言語」、もう一つは「幸せの階段(ヘドニアとユーダイモニア)」です。

渡邊義・奈都子夫妻が紹介していた、ゲイリー・チャップマンの「5つの愛の言語」のワークでは、それぞれが与えたい、受け取りたいと感じる愛情表現のタイプを①肯定的言葉、②スキンシップ、③プレゼント、④奉仕、⑤クオリティタイム、の5タイプ(5つの言語)に分類します。これにより、人によって、愛情表現の方法が違うこと、人によって求めている愛情表現のかたちが違うことがわかります。いくら強い愛情を持ち合う二人であっても、言語が違えばうまく通じ合えないことがあるということです。

このワークに取り組むうちに、なんとなく妻の優先順位についてもわ

郵便はがき

141-8205

おそれいりますが
切手を
お貼りください。

東京都品川区上大崎3-1-1
株式会社CCCメディアハウス
書籍編集部 行

■ご購読ありがとうございます。アンケート内容は、今後の刊行計画の資料として利用させていただきますので、ご協力をお願いいたします。なお、住所やメールアドレス等の個人情報は、新刊・イベント等のご案内、または読者調査をお願いする目的に限り利用いたします。

ご住所	□□□-□□□□ ☎ — —		
お名前	フリガナ	年齢	性別
			男・女
ご職業			
e-mailアドレス			

※小社のホームページで最新刊の書籍・雑誌案内もご利用下さい。
http://www.cccmh.co.jp

愛読者カード

■本書のタイトル

■お買い求めの書店名(所在地)

■本書を何でお知りになりましたか。

①書店で実物を見て　②新聞・雑誌の書評(紙・誌名　　　　　　　　　　)

③新聞・雑誌の広告(紙・誌名　　　　　　　　)　④人(　　　)にすすめられて

⑤その他(　　　　　　　　　　　　　　　　　　　　　　　　　　　　)

■ご購入の動機

①著者(訳者)に興味があるから　②タイトルにひかれたから

③装幀がよかったから　④作品の内容に興味をもったから

⑤その他(　　　　　　　　　　　　　　　　　　　　　　　　　　　　)

■本書についてのご意見、ご感想をお聞かせ下さい。

■最近お読みになって印象に残った本があればお教え下さい。

■小社の書籍メールマガジンを希望しますか。(月2回程度)　はい・いいえ

※ このカードに記入されたご意見・ご感想を、新聞・雑誌等の広告や
弊社HP上などで掲載してもよろしいですか。

はい(実名で可・匿名なら可)　・　いいえ

かってきました。妻は、おそらく「プレゼント」の傾向が強い人です。私が好きなヨーグルトや、歯みがき粉などの日用品がなくなると、彼女はよく、それらを買ってきてくれていました。しかし、私は自分で買い物をしたいものだから、買い物の楽しみを奪わないで欲しいと思っていたのです。このワークのおかげで、あれは彼女なりの愛情表現だったのだと気づきました。妻に感謝することができました。

「幸せの階段」では、前野先生がおっしゃったことが印象的でした。たとえテロリストであっても、その瞬間にその人が選んだ行為には、それを選ばざるを得ないそれなりの背景がある、といった言葉でした。

私もそう思ってはいます。しかし、頭で理解していることと、実際に無意識レベルにまで落とし込めていることとは違います。私の場合、妻の言動にも相応の理由があると頭ではわかっています。しかし、感情が拒否反応を示し、そうして妻に対する心の距離ができていったのです。以前はそんな自分自身にも嫌気がさしていました。しかし、そうせざるを得ない自分を認められるようになりました。いまは受け入れられないんだねと、自分を受け入れられるようになりました。

完全に拒絶された経験で気づいたこと

講座を受けてから、すぐに何か変わったかというと、そういうわけでもありませんでした。受講後も半年にわたって、ほぼ何も変わらずの状態が続きました。夫婦関係は冷めきっていました。一言も口をきかず、必要なことだけ事務的にメッセージでやり取りをする。そんなやり取りさえも月にいちどもないような日常が続いていました。

しかし、その後、夫婦関係に変化をもたらす契機となるようなできごとが二つありました。

一つは職場での私と上司のあいだに起きたできごとで、一つは長男の高校の合格発表でした。

私は昨年の秋ごろから上司のパワハラに遭うようになりました。パワハラに遭っていた後輩をかばったことがきっかけです。上司との関係を改善するために、メールに事実関係と気持ちをしたため、話をする時間が欲しいとお願いしました。しかし、返ってきたのは私に対するダメ出しと、話をする必要はないという言葉でした。

上司から全面的に拒否されたときに気づいたことがありました。「あぁ、これは私の妻に対する態度と同じなのだ」ということです。こんなのは嫌だ、もうやめようと思いました。それから、普通に会話しようと努めるようになりました。それでも、もちろん、彼女と一緒に住むのは苦しいことでした。一緒にいると、少しずつナイフでえぐられるような感覚があります。やはり近づくべきではなかった、距離を置いておけばよかった、と逡巡する日々でした。離婚したいという気持ちは変わっていませんでした。

子どものことで怒りが爆発

そして、もう一つの契機が訪れました。中学3年生だった長男の都立高校の合格発表の日でした。私は外せない仕事があったため、妻と息子が発表を見にいきました。

残念ながら、彼の受験番号はありませんでした。信じられない気持ちでした。合格判定模試でもずっとA判定だったからです。

私の両親、私の妹夫婦、それに私の家族5人を加えた9人が参加しているLINEのグループがあります。発表を見て、妻はそこに「サクラチル」と書き込みました。さらに、母が追い打ちをかけました。「違ったらごめんね。落ちたってこと?」

私は、行きかうメッセージを見た瞬間、逆上しました。「バカじゃないのか。二人とも。息子の気持ちを考えろよ!」と腹が立ってなりませんでした。妻は外にいたのでメッセージで、母には電話で怒りを伝えました。

「わざわざＬＩＮＥに書くなよ。彼の気持ちを考えたら、電話で連絡すればいいでしょ」

「いきなりケンカ腰のメッセージは書かないでよ。私の気持ちは考えたことないよね」

そのメッセージを見たとき思ったのです。私は妻に無関心なのだなと。


子どもの気持ちが傷つけられたことには、自分のこと以上に怒りが湧きました。しかし、私は妻の気持ちには無関心だったのです。積年の不信感や、軽蔑する気持ちが、ついに私を「妻にまったく関心を持たない」というレベルにまで行かせてしまっていたのです。

このことを友人に話すと、「奥さんなりの考えがあったんじゃないの？」とか、「修行が足りねーよ、奥さんと向き合えよ」と言った意見をもらいました。

離婚をしたいと思いつつも踏み出せない自分。反面、歩み寄りたくもなくて、距離を取るという中途半端な状態をずっと続けていました。このままではいけない。そこで、妻の気持ちを聞いてみることにしました。

話し合うという機会を持った結果

『私の気持ちは考えたことないよね』と書いてあったけど、どんな気持ちだったの？」

そうすると、こんな答えが返ってきました。

息子が不合格だったらどうしようと不安がっていたこと。一緒に発表を見に行って、落ちていたときに、彼にどんな言葉をかけてあげればよいのかと悩んでいたこと。高機能自閉症で、周囲からは感情や気持ちを読み取りにくい息子に対して、万が一のときはどう向き合えばよいのかと逡巡したこと。合格発表の数日前から眠れなかったこと。発表当日、残念な結果にその後もどう言葉をかけていいかわからず、気分が悪くなって寝込んでしまったこと。そんなことが語られました。

そんな状況のなか、私の両親にも結果を報せなければならない。そこで、彼女なりに考えた結果が「サクラチル」という書き込みでした。「サクラチル」なら古い言い回しだから子どもにはわからなくて大丈夫だろうと思ったと言うのです。

息子のことを考えてなかったわけではなく、彼女なりに精いっぱい考えてのことだった。そうわかって、彼女のことを受け入れる気持ちになることができました。

その後、私は職場で自分の身に起きていることを話しました。そして、彼女について嫌だと思っていたことも素直に話しました。妻は「パワハラに加えて、私があなたを余計に苦しめていたの？　ごめんね」と言いました。いままで聞いたことのなかったセリフでした。そして、彼女もまた、職場で理不尽な問題を抱えていることを教えてくれました。子どもたちの世話よりもゲームを優先してしまうのは、それだけ気持ちに余裕がないせいかもしれない。彼女の状況も少しわかり、心の距離は縮まりました。

正直に言うと、まだ一生を添い遂げるパートナーだと確信はできていません。きっと、この先も彼女の何気ない一言で傷つく私がいると思います。この先のことはまだわかりません。

でも、相手の気持ちを、こちらの判断を挟まずにまず受け入れる。耳を傾ける。そして、素直に自分の気持ちを伝える。それができる関係には一歩近づけたように思います。

「幸福学・夫婦編」のどこが私の悩みに関係していたのか、特定するのは難しいですが、じわっと影響を受けたのは確かです。前野夫妻・渡邊夫妻や参加者の皆さんから受けた影響、講座で学んだこと、その後に学んだこと、友人たちからのフィードバック、私と私の家族に起こったできごと……。いろんなものが結びついて、いまに至ると感じています。

ありがとうございました。

第4章

ニコイチの悩みを幸福学で考える

シングルも
ニコイチも
「4つの因子」で
お悩み解決。

第3章まで、幸せな人はどういう要素（幸せの4つの因子）が強いか、パートナーとともに幸せになるためにはどうすればいいかについて解説してきました。

本章では、Q&Aのかたちでより具体的に考えてみましょう。

一人でいる自分に迷いを持っているシングルの人、パートナーが欲しいと思っているシングルの人、そしてすでにパートナーがいるけれども悩みを抱えているという人にとって、よくある問題を取り上げてみましょう。「4つの因子」などの幸福学のメカニズムを適用して、問題を解決するための方法を述べていきます。

一人でも人生満足な自分は おかしいのか？

一人でも幸せというのは、素晴らしいことです。幸せの4つの因子のうち、「やってみよう！」因子、「なんとかなる！」因子、「ありのままに！」因子が強いのかもしれません。つながりの因子である「ありがとう！」因子も、ニコイチ以外の

関係で働いているのでしょう。大切な友人、家族、同僚、趣味の仲間など、親密な人間関係があるなら、あなたは「ありがとう！」因子もじゅうぶんに持っている人です。そういう人は、充実した幸福感に溢れていて、結婚しなくても幸せになれる人でしょう。

ただ、もしもパートナーを求める気持ちが本当はあるのに、うまくいかなかった経験などが過去にあって、積極的にパートナーを見つけることをあきらめてしまっているのなら、それはもったいないですね。**長期的で安定したパートナーシップは、一人のときとは違う豊かな幸せを経験できるチャンス**だからです。

後者の場合は、いちど自分自身とじっくり対話をしてみることをお勧めします。トラウマによるあきらめや、抑圧された願望、社会への怒りや批判といった要素がまったくなく、心から幸せなのであればいまのままで良いと思います。人とのつながりを失い孤独になると、人は生きていけません。意識して人との良好なつながりを保つことが大切です。ありのままに。

婚活で出会いはあるが、思うような相手が見つからない

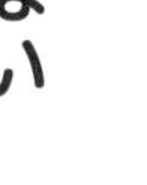
MADOKA

だいじょうぶ。きっと見つかりますよ。婚活で苦戦しているという話をよく聞きますが、対策は、**自分を魅力的にすること、他人の魅力的な面を見ること、出会いの場を増やすこと**、の３つでしょう。

婚活の場では「自分をよく見せよう」という気持ちが働きますよね。初対面の人ばかりなので、みんな緊張もしている。ありのままの自分でいる人がいなければ、なかなかリラックスできません。人に対して心を開いていない状態では、せっかく相性が良い人がいても、心が動かされず気がつかないということが起きてしまいます。

婚活の定番といえば結婚相談所です。でも、結婚相談所によっては、自分のプ

ロフィールを書くときに「異性にうける趣味を書きなさい」という指導が入る場合もあるそうです。本当は能やオペラが好きでも、そういう、教養がものを言う趣味だと相手に引かれるので、音楽鑑賞くらいにしておくよう言われたという話を聞きました。

「ありのまま」の自分を見せられない状態で、一生をともにしようとするような心のつながりを築ける相手を見つけるのはなかなか苦労しそうです。

以前、ある自治体からの依頼で「ハッピーワークショップ」というワークショップを行いました。本当の目的は男女の出会いを促すというものでした。でもあえて婚活パーティーとはうたいませんでした。まず自分をハッピーにすることを目指し、「ボクとワタシの幸せ探し」というテーマでワークショップを行ったのです。ワークショップは、ラジオ体操あり、フォークダンスあり、バーベキューあり。1泊2日で、比較的長い時間をかけていろいろなアクティビティーを行いました。

参加者どうしが一対一で話す時間もありました。その前に、みんなで幸せの因子を高めるワークを行い、それからペアをつくって話をしてもらったんです。その際、年収などのいわゆる「スペック」がわからない状態にしました。ありきたりの**表面的な話ではない、もっと相手の人となりがわかるような本質的な話ができる工夫**をしたのです。

最後、全員に気になる人を3人まで書いてもらいました。するとお互いに第1希望で名前を書き合ったカップルが3組もできました。

ワークショップが終わってから、いろいろな感想が寄せられました。「外見や年齢では、まったく自分に合うなんて思えなかった人の名前を書きました。彼と話をしてみたら、すごく心を打たれて。自分でもかなり驚きました」と言った人がいました。

誰の名前も書かずに白紙で提出した人もいました。その人は、自分のことを話し、人の話を聞くうちに、自分がパートナーに求めていることはなんなのかがはっきりしたのだそうです。「いままでは自分でもよくわからずずっとシングルでしたが、このワークショップをきっかけに自分のことがよくわかったので自分に合う相手を見つけることができると思います」とおっしゃっていました。また、このワークショップで出会って実際にゴールインしたカップルもいました。

出会いの場を選ぶときに、参加者の「ありのままに！」因子が見えやすい場を考えるといいでしょう。前にも述べたように、読書会はカップルが生まれる率が高いと言われます。他にも、趣味のサークル、学びの場、留学、イベントへの参加、ボランティアへの参加など、やりがいを感じながら自分を高めるような場に身を置くことが、ありのままの出会いにつながると思います。結婚相談所も、お互いの「ありのまま」を見せることを奨励しているところがいいでしょう。活動し、学び、自分を魅力的にする場をたくさん持つと、自然に魅力的な人との出会いは増えるでしょう。応援しています。

なかなか人を好きになれない

NICOICHI

初対面の人と出会ったとき、ぜひ、いい面を見るようにしてください。きっとときめきます。

初対面の相手に対してどのような気持ちを持ちやすいですか？　もしも「服がダサい」「性格が悪そう」など、減点しながら見てしまう傾向があるようでしたら、気持ちを切り替えてください。私たちは、もう癖になっていて、いいところばかりを探します。

人のいい面を見るためのいい方法があります。「傾聴」です。**傾聴とは、相手の話にじっくりと耳を傾け、注意深く聴くこと**です。心からの興味と好奇心をもって聴き、出てきた言葉の背後にあるその人の感情も受け止めて共感を示します。相手にしっかりと向き合って、その人の世界観、何を大切にしているのかなどを理解しようとするのです。本当の意味で人を知ろうとする行為です。

傾聴はとても能動的な行為です。**聴き方一つで、相手のいいところが見えてくる**ようになります。相手は、こんなにじっくりと話を聞いてくれるんだ！　と感動して、ハッピーな気持ちになります。聴いてくれた人に対して好意を持つことがほとんどではないでしょうか。聴いているほうも、真剣に聴いているうちに話している人のいいところが見えてくるので、好意を持つことになります。

「傾聴」したいと思うほど興味のある相手がいないと言う方もいるかもしれません。もしそうだとしたら、少し疲れてしまっているのかもしれません。自分のことに精いっぱいで余裕がないときには、人の話をじっくり聴く気にはなりません。

そう言わずに、どんな相手の話でも、傾聴してみてください。少し興味があった人に強い興味を覚えたり、嫌いな人を好きになったりします。傾聴には、そんなすごい力があるのです。

あるいは、傾聴したくないと感じる人は、自分自身の心になんらかのブロックがあることも考えられます。親密なパートナーシップを遠ざけるようなブロックです。

交際をはじめるところまでは問題がなくても、関係が親密になってくると、自分から去ってしまう。関係を壊すような言動をとってしまう。幼少期の親との関係性で形成されるアタッチメントに関する理論があるのですが、アタッチメントのタイプによっては、親密な関係を「自分の自由が侵害される」と感じてしまう人もいるのです。

そういった経験をたくさんしてしまうと、自分にはニコイチの関係などとても築けないのだと結論付けて、人ぎらいになる可能性もあります。

普段から人付き合いが希薄で、**人に対する好意を持ちにくい人は、「ありがとう！」因子が弱い**のかもしれません。周囲の人とのつながりを少し意識して、自然と湧き出る「優しくしたい」という気持ちや、感謝の気持ちにフォーカスして毎日を生きてみると、少し違ってくるかもしれませんね。

前の悩みで触れたハッピーワークショップのように、幸せの因子を高める工夫をし、バイアスをなくした状態で人と接することで、心からのつながりが得られるのではないでしょうか。

ネット婚活ではウソをつく人が多くて、人を信用できない

TAKASHI

ネットのマッチングサービスでは、既婚者なのに独身のふりをしたり、大切な情報でウソをついたりする人も多くいます。被害に遭われた方をお気の毒に思います。人の願望を利用したり、弱みにつけこんだりする人は、幸せにはなれません。**思いやりに欠ける人が長続きする幸せを得るのは難しい**と思います。パートナーがいるのに浮気をするなど、誠実さに欠ける人にも言えることです。

短絡的な選択をする人は、目先の欲望を満たすことに必死ですが、長い人生そのものに向き合っていません。嫌な経験をされた人は、そんな**悪い人に巻きこまれ続けずに済んでよかった**と思います。どうしても、審査が甘いマッチングシス

テムだと、悪い人がまぎれこみやすくなります。

結婚相談所ならば既婚者が独身のふりをすることは難しいでしょうが、婚活パーティーなどでは主催者が厳密なチェックをしていない場合もあります。

ネットやアプリでの出会いでは、最初はメッセージのやりとりなど、文字で連絡をとりあうことになります。そのまま、二人のことを**客観的に知る人がいない状態で「二人の世界」に突入し、恋愛感情が先走ってしまうのは、リスクがあります**。はやい段階で、信頼できる友人などにどう思うか率直に聞いてみるのも一つのアイデアです。本当にあなたのためを思ってくれる知人の意見は、けっこう的を射ていることが多いものです。

それにしても、人を疑ってかかる社会ではなく、みんなが信頼しあえる社会をみんなでつくっていきたいですね。人を疑ってかかるのではなく、信頼できる人が多いコミュニティーに参加して、そんな信頼のできる社会を広めてください。

信頼できる人が多いコミュニティーとは、学びの場やボランティアの場など、真

面目で誠実なコミュニティーです。最近はたくさんありますよね。ぜひ、信頼と信用のある世界を生きてください。

長年婚活しているが結果が出ない

婚活という形にとらわれ過ぎずに、いろいろなことをするといいですね。「長年婚活しているが結果が出ない」というフレーズ自体がネガティブなオーラをまとっています。もっとポジティブにいきましょう。そして俯瞰的に。婚活以外にも生き生きワクワクすることをしていますか？

幸せの4つの因子のうち「なんとかなる！」因子が弱まり、悲観的になっている状態の人は魅力的に見えません。魅力的に見えないと婚活もうまくいきません。まずは自分の魅力を高めることが重要です。魅力を高めるというとハードルが高いと思うかもしれませんが、簡単です。目を煌めかせて生き生きワクワクすることをすればいいだけです。思わずときめいて、思わず口角が上がることをすればいいんです。

自分ばかりがうまくいっていない（不幸だ）と感じられるときは、周りを見る余裕がなくなりがちです。そんなときは、**あえて自分以外のところに目を向けてみることも有効**でしょう。たとえば、利他的になってみる。利他性を高めるには、感謝の気持ちを持つことが重要です「ありがとう！」因子です。

あなたは、パートナーがいなくても、家があり、食べるに困らず、それほど不自由なく生きられている。自由に出かけたり、時間を自由に使ったりできる。こうした当たり前が本当に当たり前なのか、と考えてみると自然と感謝の気持ちがわいてきます。

ボランティア活動に参加するのもおすすめです。自分の好きなことの延長でできそうなものでよいと思います。犬が好きなら保護犬のお世話を手伝う、異文化に興味があるなら異文化交流の手伝いをする、ハイキングが好きならゴミ拾いウォークに参加する。いろいろあります。

「パートナーを見つける」ことにフォーカスするあまり周りが見えにくくなるよりも、別の活動をして視野を広く持ちましょう。「やってみよう！」と行動すると出会う機会も広がります。幸せの４つの因子が強くなり、幸せな人になっていくと、同じような思いやりある人と出会うでしょう。なんとかなる！

婚活することに違和感がある。自然に出会いたい

わかります。定められたルールで進んでいく婚活パーティーの様子などを見て、あれは難しそうだと思う気持ち、よくわかります。しかし、婚活をもっと広くイメージしてみると抵抗感が減るのではないでしょうか。**「婚活」とうたった場に行ったりサービスを利用したりするばかりが婚活ではありません。**

私も、アメリカで勉強しているときに夫と出会いました。「出会いたい」ではなく、**「自分を高めたい」と思っていたら、「自分を高めたい」と思っている人と出会った**のです。

あまりシニカルにならず、「やってみよう！」の気持ちで、好きなことや興味のある場へどんどん出かけていくことがおすすめです。友人や知人には「パートナーが欲しいんだよね」と言っておくのも忘れないでください。周りも協力しやすくなります。

親が決めた人と結婚することが強要された封建時代の先祖と比べたら、私たちはさまざまな婚活の機会があって幸せです。**私たちは、人類史上もっとも選択肢に恵まれたすばらしい世代**なのです。贅沢な悩みなんです。学びの場から婚活パーティーまで、どんな場にも偏見を持たずに参加することをおすすめします。そして、どんな場も素晴らしい。ありのままに！　いろいろな出会いに感謝し、楽しんでください。未来はきっとあなたを待っています！

結婚する意味が見出せない

少なくとも私自身は結婚して妻とともに歩む人生が、何にも代えがたい幸せです。本当に。

前にも書きましたが、**結婚生活の幸せは、一人のときには想像できないくらい豊かなものです。これは言葉では表しきれませんが、独身のときにはまったくわからなかった幸せ**です。きちんと幸せになるよう気をつけて、幸せを維持することができれば、こんなに素敵なことはありません。実はこれまでに何人もの人から、「前野夫妻を見ていたら結婚したいと思うようになった」と言われました。

統計的な研究結果からも、独身でいるよりも結婚したほうが幸せであることは明らかです。

意味が見出せないというのは、現状よりも幸せになるというよりも、不幸になるイメージが浮かぶせいでしょうか。すべての人が結婚に向いているとは言いませんが、人とつながりたい、シェアしたい、そして信じる人とともに成長したいという気持ちがあるならば、結婚生活を楽しめるタイプだと思います。

興味はあるけど、メリットがわからない、あるいは自分にできるかどうか自信がない、という方は、ぜひ「幸福学」を学んでください。結婚する意味は、自明です。

いつも交際が長続きしない

だいじょうぶ。なんとかなる！　きっと次はうまくいきます。
交際初期、エンドルフィンが分泌されている間は「ウキウキドキドキ」盛り上がるお付き合いができます。大事なのはここでの仕込みです。エンドルフィンがストップする頃までに、信頼のある関係をうまく育てておかねばなりません。

長続きするニコイチは、いつも頭のどこかにお互いのことがあります。四六時中一緒にいなくても、思いやっているるといった感じでしょうか。

幸福学から明らかなことの一つは、利己的な人と付き合うよりも、利他的な人と付き合うほうが幸せになれるということです。**双方が自分のことばかり考えている関係は長続きしません。**利己のぶつかり合いが止まりません。恋愛はかけひきではないのです。相手のことを思いやることを学ばなければ、長続きしない交際をくり返すことになります。

「相手が理解してくれていない」という不満もよく聞きます。その場合、相手がわかってくれるような態度や言いかたで伝えているかどうか、いちど確認したほうがよいでしょう。「相手にわかってもらう」よりも「相手のことをわかる」ことを考えてください。相手への気遣いを第一に。はっきり言って、利己的どうしのカップルは、うまくいきません。

前にも書きましたが、**人は変えられません。変えられるのは自分。**自分が、感謝と思いやりを忘れない人になれば、相手も徐々に変わっていきます。決して人のせいにはせず、決して相手を変えようとはせず、自分を少しずつ成長させていきましょう。

好意は寄せられるが決め手がわからない

アメリカの社会学者が調べたところ、アメリカでは昔はだいたい皆、近所に住む人と結婚していたことが明らかになりました。日本でも昔はそうでした。出会いの選択肢がいまほど多くないなかから選んで結婚していたわけです。

日本もかつては、お見合いに本人が行くのではなく、代わりに兄弟が行って結婚を決めたなんてケースがありました。あまり選択肢のないなかから、もっと言えばまったく選択肢のないなかからはじまって、その後ちゃんと幸せになったカップルが多く存在していたのです。かつては、結婚したのだから相手のいいところを見つけようというマインドが、現代人以上にあったのかもしれません。

いまは逆に、情報があふれています。世界中の多様な人と出会うことができます。ものすごく多様な選択肢があります。選択肢が多すぎて選べないという問題が起きているとも言えそうです。

「好意は寄せられるが決め手がわからない」ということですが、**多くの人に好意を寄せられるいまの状況を楽しんでいる**、という状況である可能性もありそうです。**結婚の期日が定まった目標になっている場合だと、状況が違う**かもしれませんね。

近いうちに結婚したいと本気で思っていて、かつ、決められないレベルで拮抗する人が数人いるのならば、発想を変えると、そのなかの誰を選んでもよいという言い方もできます。

幸せな人は性格のいい人ですから、幸せで性格のいい人を選べば、うまくいく確率が高まるかもしれませんね。**条件を比較して**（左脳的に）**選ぼうとするよりも、一緒にいてワクワクし、トキメき、安心感を感じる人を直感的に**（右脳的に）**選ぶほうがいいかもしれません。**なぜなら、論理脳である左脳は部分に着目する脳、感性重視の右脳は全体を把握し判断できる脳ですから。

なぜ浮気をしてしまう人がいるのか

浮気する人は、幸福度の低い人でしょう。なぜなら幸福度の高い人は、誠実で、正しい選択ができ、正義感が高く、決断力のある人だからです。幸せな人は性格のいい人、という話はこれまでに何度も述べたとおりです。

浮気をする人は、不幸だから満ち足りていないんでしょうね。かっこわるいですね。もしかして、モテてかっこいいと思っているかもしれませんが、そうだとしたらさらにかっこわるいですね。全体を見ることができず、衝動的で、人の目が気になり、人を思いやる気持ちが足りず、自分勝手で、他者肯定感または自己肯定感の低い人だと思います。

私には、妻が悲しむとわかっていることをわざわざ選ぶ気持ちがわかりません。
浮気に走る人は論理的にも倫理的にも破綻していると思います。

浮気をしている人は、そのときは短絡的な幸せを感じているのかもしれません。

しかし、そのせいでパートナーを傷つけたり悲しませたりすると、夫婦関係が壊れて家庭が壊れます。ちゃんと**長期的に考えると、どこにもメリットがありません。**私だったら妻が悲しんでいる姿を想像しただけで、もうそんなことをしたいとは思いません。浮気する人は想像力が欠如しているのです。

そもそも浮気をしてしまう人は、夫婦仲も悪いのでしょう。おそらく夫婦関係に何かしらのすきま風があることがほとんどだと思います。すきま風が吹いているところに、浮気という誘惑が出現したのでしょう。そういう**誘惑を前にしたときこそ、すきま風の原因に向き合うチャンス**だととらえられるといいですね。

浮気をするタイプは、気が強い男性と、気が弱い女性の場合が多いというデータもあります。気が強い人と気が弱い人のカップルでは、ＤＶに発展するケースもあります。幼少期の両親との関係や友人との人間関係が影響して、自己肯定感が低く、自分を大切にしてくれない人を求めてしまう女性がいます。周囲の人たちが心配して助言をしても、そういう人に惹かれてしまうのです。幸せでないのに、なかなか離れることができません。

浮気やDVをするようなパートナーとそれでも一緒にいたいという人は、自己犠牲にとらわれすぎているのではないでしょうか。自分が尽くせば、自分が理解を示せば、自分が人としていたらないから、などと過剰に考えがちかもしれません。「やってみよう!」「なんとかなる!」「ありのままに!」の3因子が弱い、あるいは弱っているのでしょう。

つらいだろうと思います。そうした思考のクセを改善するには、自分と向き合うように心がける必要があるでしょう。また、他の人との対話によって、多様な可能性を理解することが有効です。対話の一種として、カウンセリングやコーチングの力を借りることも有効でしょう。

パートナーとして避けるべきタイプとは

どの人にもいいところはあるので、**本来は避けるべきタイプの人などいないと**思います。人間はみんな素晴らしい。ただし、強いて言えば、自分の良さを伸ば

す方向に成長することを拒絶している人は、なかなか成長できず幸せにもなりにくいので、要注意かもしれません。要するに、頑固で人の話を聞かない人です。

夫婦関係のカウンセリングをしている友人に聞くと、ケンカをしないことよりも、ケンカをしたときにどのようにして有効な解決策を取るかのほうが大事なのだそうです。

第3章では、性格の50パーセントは後天的なものだとくり返しました。変えられるのです。このことを知っていれば、相手のポテンシャルを考慮することもできます。すれ違いがあったときに、話し合いの余地があるタイプか？　人は変われると思っているタイプか？

変化することを恐れない人ならば、道はひらけます。

よく、年を取った人はいまさら変わらない、と言われます。そんなことは決してありません。**年齢を重ねても、自分が「変わろう」と思えば誰だって変われます。**

私たちは以前「幸福学・夫婦編」という一般公開の講座を行いました。そこに60代のご夫妻が参加されていました。定年退職してからずっと家にいるようになり、妻から疎ましく思われていたという夫のほうが呼びかけたそうです。これから先もまだまだ人生は長い。それなら少しでも仲良くできたほうがいいに決まっている。そう考えて参加されたとか。そして実際に、夫婦関係は大きく改善したそうです。うれしいですね。

自分について知ることは、変わっていくきっかけになります。暴力をふるうような人でも、そういう自分の心の仕組みを自覚し、強く「変えたい」と思えれば、うまく変われることがあります。専門のカウンセリングなどではそういうお手伝いをしているわけです。

もういちど言います。パートナーとして避けるべきタイプなんて、いません。すべての人には、いいところがあります。いいところを伸ばせば、すべての人は、変われます。**すべての人は、これから、素晴らしい人生を送ることができる**のです。

プロポーズしてほしいがしてもらえない

「プロポーズをしてもらえるか」という問いの主は、自分は「プロポーズされる」受動的な立場だと思っているということでしょうか。現代日本女性がプロポーズは相手からしてほしいと思う気持ちもわからないでもありません。

しかし、その言葉を引き出すまでのコンセンサスはお互いに取れているのでしょうか？　結婚についての具体的な話し合いをちゃんとしていますか？　そこを詰めておいてこその、プロポーズの言葉なのではないでしょうか。

私は、結婚を前提としないカップルも、前提とするカップルも、**「もしも結婚したら」という会話をカジュアルに交わすべき**だと思います。冗談っぽくでも、とっても仮定っぽくてもいいのです。交際をはじめたら、すぐに「もし結婚したら、○○したい」というような、空想上の話をしたほうがいいと思うのです。すぐにプロポーズするということではなく、相手の考えかたを知るためです。気楽に。カジュアルに。もちろん、シミュレーションにもなりますし、相手の考えかたを探るチャンスにもなります。ぜひ、避けずに「もし結婚したら」という会話を楽しんでみてください。「結婚したら」が言いにくい人は、「どんな人生にしたい？」「老後のイメージは？」でもいいでしょう。とにかく、**目先の話ではなく、視点を大きくして人生の話をする**のです。そんな話のなかから、相手の世界観がわかりますし、そもそも、**幸せな人とは物ごとを大きく捉える人（不幸な人は目先のことばかり考える人）**だということが研究によって知られています。

そんな話をして拒絶されたら怖いという人もいるかもしれません。しかし、結婚後や人生の話を本気で茶化したり、否定したりする人とは、真剣に付き合っていくのが難しいと思います。あえて早めにそういう話をすることで、相手の本質がわかって、今後の道を描きやすくなるでしょう。

普段から、相手とこういう将来を築いていきたいという話し合いをよくしておけば、プロポーズしてもらえるかどうかわからずにやきもきするというようなことは起きにくいでしょう。要は、もっとコミュニケーションして深く理解し合うことが大切ということです。

盛り上がりに欠ける関係でも結婚していいのか

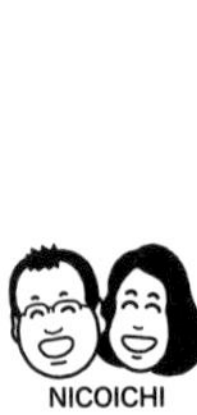

誰もが、気持ちの盛り上がった状態で、幸せの絶頂を感じながら結婚したいですよね。

あなたの関係は、本当に、盛り上がりに欠けているのでしょうか？　エンドルフィンは出なくなったけれども、真面目に一緒に人生を歩みたいと思っている場合もあるのではないでしょうか。

それぞれが同じ将来を望んでいるとは思えないようなときもあるかもしれません。しかし、自分だけで結論を急ぐのはよくないと思います。もしも**ギクシャクしていると思ったときにも、相手に自分の考えを素直に話して、問題を共有し、そこからどうするかを決めるべき**です。正直に、「私たち、ぎくしゃくしているね」「私たち、かみ合っていないと思うのだけど」と問いかけてみてください。第1章で述べたコミュニケーションの基本（49ページ）の一つ、声に出す（voicing）です。相手はどんな返事をするでしょうか。

意外と問題だと感じていない可能性だってあります。表現が下手なだけで、相手はかみ合っていないなんて思っていない場合もあります。また、現状のまま、特段悪くはないけど良くもない関係を続けていくつもりという場合もあります。二人が幸せになるために、どんなことをする気持ちがあるのか確認する必要があるのです。

コミュニケーションが足りないところに幸せはありません。他者とのコミュニケーションと、自分自身とのコミュニケーション。ともにしっかりと取ることで、自分は何がほしいのか、相手に何を求めているのかが見えてくるでしょう。そして、盛り上がりに欠けるなんて言っていないで、盛り上がってください！

片思いを脱却するには

あえて厳しい言いかたをします。**片思いの状態がずっと続くということは、人**

の心を理解したり自分の心を伝えるという点において、あなたが人間的に未熟である可能性があります。

自分のことをよく知らない相手を想い続けているというケースの場合は、**相手とコミュニケーションを取ることを怖がりすぎている**かもしれません。男子校や女子校出身者にわりと多いパターンです。成長していく段階で、異性と接する機会が少なかった場合には、異性の前でどうしていいかわからないのも無理ありません。

電車のなかで見かけるよく知らない人を好きになるといった一目惚れも、異性慣れしていない若いうちほど起きやすいように思います。相手のことを外見以外ほぼ何も知らないのに「好き」と思っているというのは、相手に対して「こんな外見だから、人柄はこうだったらいいな」という勝手な期待をもっているということでしょうか。想像したその人に恋をしているということです。

それは悪いことと言い切るつもりはありませんが、その状態を何年も続けるのはもったいないですね。相手とちゃんと知り合えば、あっけないほど期待と違っていて拍子抜けするかもしれませんし、未来につながるかもしれません。しかし、**コミュニケーションしてみないと何もはじまらない**ことだけは確かです。

私も若い頃は友人と「異性を選ぶときに大事なのは外見か性格か」という議論をしたものですが、いま思えば、性格が優先に決まっています。外見は生まれつきが100%。本人の努力の結果が現れるのは人柄なのですから。

私は大人になってからは片思いをしたことがありません（中学のときにはありましたが……）。これは決してモテるからではありません。積極的かつ繊細にコミュニケーションを取るからです。言葉と五感を駆使して、相手の一挙一動から、相手が何を考えていて、自分のことをどう思っているかを、読み取ります。その結果、相手の表情や仕草や言動から、自分のことをどう思っているか、手に取るようにわかります。**コミュニケーションがうまくいっていれば、相手が自分をどう思っているかはちゃんとわかる**のです。その結果、すれ違いは起きません。だから、告白して断られたことはありません。

つまり、いろいろな人と話して、人はどんなときにどう考え、どう振る舞うかを理解する力、すなわち他者理解力を高めておけば、片思いにはなりません。自分のことを好きかどうか、相手の気持ちが読めるのですから。

「秘めた想い」は日本のドラマや小説の定番テーマです。視聴者や読者はそうしたストーリーで恋愛の疑似体験をします。しかし、私は日本の恋愛ドラマに、ものすごくまどろっこしさを感じます。まどろっこしさが起きるのは双方のコミュニケーションが拙いせいだと感じるからです。恋愛ドラマを見ながら「ちゃんとコミュニケーションしろよ！」といつも突っ込んでしまいます。

日本には「告白する」という文化があります。それが影響しているのかもしれません。告白して白黒つけてからでないと、相手とより深い関係になってはいけないという風潮です。アメリカなどでは、交際前と交際後を明確に線引きする「告白する」というイベントがあまりありません。わりと気楽にデート（Dating）をします。「一緒にご飯（飲み）にでもいかない？　遊びにいかない？」と誘い合って、二人で行動するなかで互いを知り合っていく。お互いに気に入れば、それが続いていきます。自然な流れでお互いに相手とだけデートすることにすると確認し合い、カップルになります。はじめのうちに「付き合ってください」ときっぱり想いを告げなければならない、というプレッシャーは日本ほどはないように思います。

子どもがほしい？　ほしくない？

子どもを持つかどうかという**重要な将来ビジョンについて、結婚する前にじゅうぶんに話し合っていないカップルは、けっこういます**よね。まず、躊躇せず、話し合ってください。コミュニケーション第一です。

もちろん、結婚してから気が変わることもあるでしょう。二人が強く子どもをほしがっても授からないこともあるでしょう。また、子どもができないときに、どの程度のリソースをかけて不妊治療をするのか、養子縁組などを視野に入れるのかなど、いろいろな選択肢を議論する余地があるでしょう。だからこそ、早めに話し合っておくべきなのです。

「子どもを持つかどうかについて合意できない」という問題は、カップルにとって大きなチャレンジです。お互いに歩み寄るとか、どちらもが妥協するということが難しい。持つか持たないのか、どこかで白黒はっきりさせるべき問題に思えます。だから敏感になって、余計話を切り出しにくい。その気持ちもわかります。

しかし、**話し合わないことにはいい選択はできません。**

無理やり自分の意見を押し切っても遺恨を残します。逆に言わないでいると伝わりません。二人にとっての将来、二人にとっての幸せをじっくり共有したほうがいい。ついケンカになるという人もいますが、「これは幸せな未来を選択するための話し合いである」という共通認識を持って、穏やかに話し合えるといいですね。

実は、**子どもをつくるかどうかということは、どのように働くかとかどのように生きるかという話ともそもそもセット**なはずですから、話し合えていないようではコミュニケーション不足でしょう。また、そもそも子どもができるかどうかわからないのですから、不確定要素の多い問題です。持つか持たないかという二項対立に陥るのではなく、持つとしたらどうする、持たないとしたらどうする、といったような**多様な選択肢の問題として話し合っておく**べきでしょう。

日本では夫婦だけで解決できないことがあったときにカウンセリングを受けようと思う人は多くありません。しかし、カップルでのカウンセリングは、こうした場合に有効です。コーチングでもいいでしょう。話を聴くプロフェッショナルである第三者が入ることで、複雑で不確定な問題を整理できます。もちろん、友人に話すのもＯＫです。ケンカになるときというのは、双方が自分の言いたいことをとにかく聞いてもらいたいとばかり思っていて、相手の考えを理解しようとしていないときです。全体としての状況の不理解はそれに拍車をかけます。そんな複雑な問題（いや、他人から見ると実は単純な問題）の解決の一部を他人にサポートしてもらえることは、その後の話し合いにも良い影響をもたらすでしょう。要は、一人だけで悩まない、二人だけで悩まない、多様な人の意見を聞いて多様な選択肢の中から選択する、といった冷静さとフレキシビリティーが大切なのです。

子どもができにくいことを いつ告げるべきか

子どもができにくい体質だとわかっている人が、そのことをどの時点でパートナーに伝えるべきか悩んでいるという相談を受けることがあります。妊娠についてだけではなく、持病をもっている人も同様です。相手にショックを与えてしまうかもしれないと考えるのはつらいことですよね。いちばんつらいはずなのは本人なのですが、相手の気持ちを考えてのやさしさが、結果としてこういう悩みを生み出してしまいます。

私は、**早めに互いにできる限り情報開示したほうがいい**と思います。ニコイチとしてずっと一緒にやっていきたいのに、一人で悩みを抱え込むのはつらいことです。オープンにできないことに対する後ろめたさも感じてしまいます。

それよりは、勇気がいることだと思いますが、思い切って素直に話したほうがいいでしょう。相手にとって「子どもを持つこと」のプライオリティーが高い場合、情報共有をきっかけにうまくいかなくなるということもあるかもしれません。傷つくことだし、残念なことです。しかし、**極論を言えば、後で話してこじれるより、先に話して別れるほうが、いちどしかない人生、有効**だと思います。別れの後には新しい出会いがきっとありますから。

パートナーがいることは、単にときめく異性と一緒にいるという意味だけでなく、自分とそれなりに違う価値観を持った人とともにコミュニケーションし、わかり合ってともに創造するということなんです。

素敵なパートナーは、どんなあなたも受け入れてくれるに違いありません。私だったら、もしも妻が子どものできない体だったとしても、妻に持病があったとしても、障害があったとしても、そんな妻を愛おしく思うとともに、すべてを受け入れ、全面的に応援するでしょう。当然です。あなたの選んだパートナーを信じて、自分をさらけ出してみてください。**一人で悩みを抱えるよりも、二人で共有したほうがいい結果をもたらします。**間違いありません。

最初のデートで言う必要はないかもしれませんが、お互いに好意があると確認していたのだったら、あなたの秘密を早めにパートナーに伝えることをおすすめします。言いにくいからと最後まで待つのは正しい選択ではないでしょう。

ケンカするとつい感情的になってしまう

感情的になりすぎないコミュニケーションのためには、アンガーマネジメントやノンバイオレントコミュニケーションなど、さまざまな方法があることが知られていますが、ここでは私のやりかたを紹介しましょう。

私が提唱している「**受動意識仮説**」という考えかたがあります。私たちは皆、自分の意思で何かをしようと決めて、行動していると思っています。しかし、実はそうではなく、何かをしようと決めているのは「無意識」の神経活動である。私たちの「意識」は後付けで「自分が決めた」というふうに体験し記憶しているに過ぎない。そういう考えかたです。

もっとわかりやすく言うとこうなります。

「心」は幻想である。

心が幻想なら、心で感じていると思っていること、つまり感情も認識も幻想です。そうすると、目の前でリアルに起こっていると感じていることはすべて幻想ということになります。

「受動意識仮説」で考えてみますと、目の前にいるパートナーも幻想。その人と考えの違いでケンカをしている自分たちもまた幻想です。

いちばん最近のケンカについて思い出してみてください。

相手はどんな顔をしていましたか？
相手はどんな声でしたか？
あなたはどうでしたか？

なんと、それらは実は、すべて幻想なのです。

私と妻は、もうほとんどケンカはしませんが、議論になることはあります。自分の言いたいことがうまく伝わらずにイラっとすることが、私にもまだ時々あります。**イラっとしたりケンカをしたりするとき、「心は幻想だ」ということを忘れている（あるいは、知らない）**のだと思います。

リアルではない、ということを忘れているので、目の前で起きていることに感情が揺れるのです。

宗教者は、世を捨てて解脱の旅に出ます。あるいは、世俗を遮断して、一日何時間も瞑想などの修行をします。自分をイライラさせるものを生活から切り離し、心おだやかに過ごします。長時間そうした修行をする出家というシステムは、理にかなっています。

出家せずに在家で生きている私たちは、ついつい油断したすきに、イライラしたり、腹を立てたりしてしまいます。それが普通の人の日常生活ですよね。私の目標はいつも幸せでいること。言い換えると「この実社会にいながらにして悟る」ということです。ネガティブな感情に支配された時間をなるべく短くしたいと思っています。**思わずイラっとしたら「心は幻想である」とすぐに思い出したい。**ああ、これも幻想なんだ、と思うことで、気持ちがおさまります。その結果、後から後悔するようなひどい言葉を相手にかけなくて済みます。つまり、**受動意識仮説は、夫婦関係、ひいてはすべての人間関係を良好に保つために、役立つ概念**なのです。

これを実践できるようになると、怒っている自分のことも客観視できるようになります。空にうかぶ雲が風に流されるように。幸せとは、自己への執着からの超越なのです。

たまには認められたい、という気持ち

NICOICHI

「認められていない」と感じるあなたは、「ありがとう！」因子が弱いのかもしれません。自分で意識するだけでなく、周りから感謝されることで、「ありがとう！」因子は強くなります。

あなたは、パートナーに対して、日頃から感謝を伝えていますか。パートナーに対して「こうして欲しい」ということがあるなら、**まずは自分から、相手が自分にして欲しいと思っているはずのことを、積極的に行う**ことをおすすめします。心理学ではこれを「モデリング」と呼び、子どもの成長過程で有効な学習方法といわれています。感謝してほしかったら、まずは自分が感謝する。優しくされたかったら、まず優しくする。認められたかったら、まず相手を認める。これをパートナーに対して行ってみてはいかがでしょうか。

小さなことでも、よいのです。これくらいやってもらって当然と思っているようなことにも、「ありがとう!」「助かった!」と感謝の気持ちを伝えてください。「毎日仕事に行き、家に帰ってくる」「毎日、家事をこなしている」という、ごく当たり前になっている日常についても、たまには感謝を伝えたほうがいいのです。
そういう習慣がなかったのなら、最初は怪訝《けげん》に思われるかもしれません。それでもかまわずに続けてください。悪い気持ちにはならないはずです。
そうしていくうちに、「感謝されると嬉しい」と相手が思うようになれば、相手も変わっていくはずです。

いつも相手に感謝を伝えているのに、向こうからのリアクションが薄い場合は、話をしてみることです。「どうしてあなたは○○してくれないの」と責めるのではなく、「I(私は~)」メッセージで伝えます。**自分の気持ちを中心に使えるや**りかたです。

【ワーク①】次のメッセージを「I」メッセージに言いかえてみよう。

● 責める伝えかた:(あなたは)なぜ「ありがとう」と言えないわけ?

【回答例】

●（私は）あなたが「ありがとう」と言ってくれないと悲しい。

●（私は）あなたに「ありがとう」と言われると、とても嬉しい。

●（私は）感謝されると、やりがいがあるし、また頑張ろうと思える。

【ワーク②】次のメッセージを「I」メッセージに言いかえてみよう。

●責める伝えかた：（あなたは）なぜ片付けてくれないわけ？

【回答例】

●（私は）片付けてくれないと、悲しい。

●（私は）片付けてくれると、とてもうれしい。

●（私は）片付けてくれると、ほかの家事に時間を使えてうれしい。

このようにいろいろな「I」メッセージがあります。

「あなたが〜するべきだ」というコミュニケーションは、相手を動かそうとしていますから、なかなか思うような反応が得られません。一方、**「I」メッセージは、相手をコントロールしようとする意図がありませんから、相手にプレッシャーを与えずに気持ちを伝えることができます。**ぜひ、練習して、やってみてください。

冷え切った関係を元どおりにできるのか

なかなか困難な状況ですね。冷めてしまったものを、出会った頃のようにアツアツにすることは簡単ではありません。

しかし、人は変われます。

まだ、どちらか一方に**「このままで終わりたくない」という気持ちがあるならば、あきらめない**ことです。「幸福学・夫婦編」の参加者の事例も参考にしてみてください。

そもそも、どのカップルも、新婚の頃はアツアツだったはずです。その頃の会話を維持する努力をすべきだと思います。私たち夫婦のＬＩＮＥでの会話やリアル会話を恥ずかしながら公開すると、こんな感じです。

隆司：　出張で３日もマドカちゃんに会っていないから、早く会いたいよ。
マドカ：　私もよ。ダーリン♡早く帰ってきてね。

隆司：　今日も可愛いね。
マドカ：　ありがとう。ちょっと、人様には引かれるから聞かせられないわね。
でも、おばあちゃんになるまで、そう言い続けてね。

マドカ：　隆司さんの今日の講演、すてきだった。感動しちゃった。
隆司：　すべてマドカちゃんのおかげだよ。

「新婚でもあるまいに、そんな歯の浮くような会話、私には無理」と思われた方もいるでしょう。しかし、**いちどしかない人生、思いっきり満喫したほうがいい**と思いませんか。日本だと大げさに見えるかもしれませんが、欧米の夫婦だったら、これくらいふつうです。私たちは日本人ですから確かに少し照れますが、あえて**少し芝居がかっていてもいいから、はっきりと思いを伝える**ようにしています。言いたいことを言えなくて誤解し合うより、言いたいことをはっきり言って理解し合うほうが、間違いなくベターなニコイチです。愛のある会話をしない理由がありません。

　少し大げさなくらいでいいんです。皆さんもあたたかい関係を続けてくださいね。

子育てに協力してくれないパートナー

　子育てに協力してくれないパートナーなんて、残念ですね。二人の子どもなのに。イクメンという言葉が定番化したように、昔とはちがって育児に積極的な男

性も増えています。とはいえ、イクメンの奥さんからの愚痴を聞くことがあります。「本当に必要としていることではなく、自分のやりたいところだけしかしてくれない」と。

夫が非協力的なケースにも、イクメンがやりたいことしかしないというケースにも有効な、システマティックな方法があります。**夫に育児（子育て）でかかわってほしい部分を箇条書きで書き出す**という方法です。リストができたら、相手ができそうなところから具体的に依頼していきます。

男女の脳の違いの話としてよく出てくる話ですが、男性の脳は問題解決をしたいという欲求が強いと言われています。問題が明確であれば、解決に向かいやすくなる。しかし、「かかわってほしい」とか、「かかわりかたがなんとなく違う」というのでは、**問題点が漠然としていてタスクに落とし込めない**のです。

たとえば、子どもに受験をさせたいと考えていて、パートナー（男性）と受験についての意見を交わしたいとします。そのときは次のようにするとよいでしょう。

×：受験についてどう思う？（私は受験させたいんだけど）
○：私は受験をさせたいんだけど、どの学校が子どもに合っていると思う？

悩んで（考えて）いる論点を明確にしたうえで「あなたのインプットが必要」だということを伝えます。これによって、やるべき課題ははっきりします。パートナーの承認欲求も満たされるでしょう。

いままであまり子育てに関与してこなかった人も、パートナーの求めに応じてかかわることで、変わることもあるでしょう。最初のうちはイラっとすることもあるかもしれませんが、子どもの前では責めないほうがいいでしょう。小さなことから一緒に取り組んだり、一緒に考えたりする習慣を築きながら、体験を積み重ねます。ささいなことにも、感謝を伝えていきます。

単身赴任などで一方が同じ家に住んでいないこともあります。片親が不在の間も、子どもたちがその親についてポジティブな感情を持つようにするには、一緒にいるほうの親が工夫する必要があります。いないところで悪口を言ったりしないだけではなく、見えないところで家族のために頑張ってくれている、家族のことをいつも気にかけている、とくり返し伝えていくことです。遠く離れていても「ありがとう!」因子で満ちた関係はつくれるのです。

ウソを告白されてから信用できなくなった

ウソはつかないほうがいいですね。私は妻に対してまったく何も隠しごとがないし、もちろんウソはまったくつきません。いまの幸せをこれからもずっと続けるために、信頼しているし信頼して欲しいからです。妻も同じだと思います。

ウソ、残念です。そのウソは、パートナーのはじめてのウソですか？　それとも、よくあることですか？

この項では「他愛のないウソ」という前提で話しましょう。人は誰しも間違いを起こすことがあります。ほんの出来心でついたウソで、本人が心から反省しているならば選択は二つです。パートナーシップの解消も視野に入れるのか、それとも関係を続けるのか。

人が「他愛のないウソ」をつくのは、だいたい次のような理由です。
- かっこつけたい
- 詮索されたくない
- 否定されたくない
- 別のウソを取り繕《つくろ》いたい

そこには**細かいことを問い詰められたくないので、本当のことを言うのが面倒くさい**という感情があります。本人には、あまり罪悪感がないかもしれません。

小さなウソも嫌ならば、コミュニケーションを取る必要があります。その際、ウソをついたという行為を責めるよりも、**相手が「ごまかしたくなる心理」を理解しようと努めるのがいい方法**です。「やり込められて怒られた」ではなく、「言いたいことを聞いてもらえた」という気持ちに相手がなれるからです。

しかし、これはあくまで許すという前提でのコミュニケーションです。

どういう選択をしたいのか自分でもわからないほど、心が乱れているということもあるでしょう。許そうと思っているけど、やはり無理だと思ったり、刻一刻と感情が揺れているということもあります。いまは決められないから様子見をしながら方針を決めようと思う場合もあるでしょう。

パートナーシップの要である「信頼関係」が崩れてしまった。いちばん信頼したい相手であるはずの人を信用できないのは、苦しい。信用していた相手だからこそ、失望が大きく、もどかしくつらい。

こんなとき、どうあれ、やらなければならないことがあります。ウソをつかれたことが悲しい、ウソをつかれて怒っている、と自分自身できちんと感じるということです。

「顔で笑って、心で泣く」という表現があります。しかし、**感情を抑圧したまま、気持ちを切り替えることは困難**です。大人げないとか、怒ってもしょうがないと思う必要はありません。

目に見えるケガは相手にとってわかりやすいのに対し、見えないケガはその深刻さが相手には伝わりにくいのと同じことです。いま、自分は傷ついているということを認め、そのうえで相手にもそのつらさを伝えて共有してください。言語化しなくては次のステップに進むことができません。自分一人で抱えることになってしまいますから。

浮気をされてどうしていいかわからない

前項のような「他愛のないウソ」よりも深刻なのは、「重大なウソ（裏切り）」

です。代表がパートナーの浮気でしょう。こうなると、話はより複雑です。最終的に、あなたが相手にどんなパートナーシップを望んでいるのかを見きわめる必要があります。そのうえで、パートナーシップを継続するのか否か、継続するならば、何は許せて、何は許せないのかを精査しなければなりません。

そして、**それはあなた自身にしかできない**決断です。

周囲の人に話を聞いてもらったり、助言をしてもらったりすることはできます。それでも最終的には自分がどんなパートナーシップを望んでいるのかを見きわめて、選択すべきなのです。

第1章で、幸せな結婚生活を長く続けたければ、長く幸せでいられそうな人と結婚すればよいと書きました。パートナーと幸せをシェアして末長く生きていくためには、ウソをつき続けるのは本質的にズレています。ウソをつかれ続ける側も、自分の求めるものとズレていく。そんなときは、今後どうするのか、静かに自分に問うべきでしょう。

前にも述べたように、浮気をする人は不幸せな人です。最初のうちは「いけないとわかっている」背徳感にスリルを感じて高揚感があるかもしれません。背徳感があると、欲望が増大していき、より大きな刺激を求めるのかもしれません。これはある種の**中毒症状**と言うべきでしょう。刹那の幸せな時間を求めて浮気をしても、長期的で豊かな幸せには決してつながりません。長続きはしないのです。間違いありません。

浮気をする人は、短期的な幸福を感じることに必死になっていて、長期的な幸せを感じる余裕が持てない人です。

浮気への向き合いかたのステップを整理しておきましょう。

- 落ち着く。なるべく冷静になるように心がける。
- 自分の感情に向き合い、気が済むまで自分の心を観察する。
- パートナーと向き合い、ウソがどんな影響を与えているのかを言葉で伝える（この際「I」メッセージを使うことを意識し、なるべく冷静に伝える）

● 自分が相手に求めるものは何か、いまのパートナーでよいのかどうかを、冷静に、論理的に考える

精神的に大変でしょう。頑張ってください。

もちろん、そもそもそうなる前に、浮気なんてしない、されない関係を築いてください。尊敬し、信頼し、もしも生まれ変わったとしてもまた一緒になりたいという関係。じゅうぶんにコミュニケーションが取れていて、真にニコイチになっていたら、どちらも浮気なんてしません。

「男(または女)はみんな浮気する」という人がいますが、そんな事実はありません。「不幸せな人は浮気をすることがある(真に幸せなニコイチは浮気とは無縁)」が正解です。

もちろん人間という種は一夫一婦制にも一夫多妻制にも多夫一妻制にも適応できることを、歴史学と文化人類学が証明していますが、これは浮気を正当化するものではありません。人間には理性があります。自分の生きる**社会の制度に柔軟**

に合わせる理性を持っているのです。現代日本の皆さんは、ぜひ浮気とは無縁の幸せなパートナーシップを築いてください。

義理の両親を好きになれない

もっと人のいいところを見て、好きになれるといいですね。あなたのパートナーを大切に育ててくれた人たちなのだから、感謝しかないではないですか。好きになれることを応援しています。

もしかしたら、**「好きになれない」の裏側には「好きにならなければならない」という固定観念がある**のかもしれません。家族だから（ニコイチの関係だから）といって、パートナーにかかわる人をすべて好きになろうとして自分を苦しめる必要はありません。まずは、人として普通に接することができれば、それでじゅうぶんではないでしょうか。

パートナーの両親と同居している場合は複雑でしょう。毎日、それほど好きでない人と顔をつきあわせて、共同生活を営むのは大変です。

もし、パートナーの両親も、いい人たちなのでもっと親しくなりたいと思うのならば、いま彼らについて知っていることよりも、もっと多くのことを知ろうとしてみてください。人は、相手についての理解が深まるほど、相手をより好きになるようにできています。共通点でもいいですし、自分にはない経験を知ることでもいいでしょう。より多くの時間をともに過ごして、相手のことをよりよく知る努力をしてはいかがでしょうか。きっと、もっと好きになれると思います。

セックスレスという問題

アメリカの幸福学研究には、さまざまな営みのなかでセックスがもっとも幸せに影響するという研究結果もありますが、事情は国によって、個人によって異なるように思います。

セックスレスが何年も続いていても、仲良しなニコイチはたくさん存在します。互いにとって「セックスの重要度」にそれほど相違がなければ、それでも構わないのです。

しかし一方で、お互いの必要性や欲求が違う場合には、すれ違いが生じます。ニコイチのコミュニケーションは会話だけではありません。コミュニケーションの多く（ある研究者によると60〜90％）は、顔の表情、声のトーン、ジェスチャー、ボディ・ランゲージといった非言語によるものと言われています。セックスも広く捉えると非言語コミュニケーションの一つとも言えるでしょう。

ニコイチのような強いつながりのコミュニケーションには、二人が長い時間をかけて培ったパターンや、お約束があります。**セックスレスの問題が深刻になるケースというのは、それがかつて存在していたコミュニケーションだから**です。存在していたコミュニケーションが、失われてしまった。そして、それについて話をすることができないという状況です。だからモヤモヤします。

セックスレスではないカップルも、双方が結婚生活全般に高い満足度を得ているとは限りません。そして、そのことについてオープンに話すニコイチと、話さないニコイチがいます。

話をする人たちは、「やってみよう！」因子や「なんとかなる！」因子が強いのかもしれません。「ありがとう！」因子も強いでしょうね。互いに何か気になることがあれば、率直に気持ちを話すということに慣れています。互いの間に、もしも何かがあればいつでも話を聴いてくれるという信頼感ができています。**コミュニケーションがオープンで気軽なものになっていれば、セックスをめぐる話し合いも深刻なものにはならない**でしょう。

モヤモヤした気持ちがあるのに、それを相手に話せないというケースには、自分自身の気持ちに対してネガティブなジャッジメント（断定的な評価・判断）があるという場合も考えられます。

セックスで言うと、たとえば「相手は特に興味がなさそうだ。それを自分から誘うのは恥ずかしい」といった気持ちがある場合です。自分自身、その欲求を認めることができていないのです。だから相手に話すのも躊躇します。

また、なんらかの理由で「その気になれない」ことが続き、忙しい日常を送るなかで、取り立てて話題にもならず、いつの間にか数年が経っていた、というパターンもあるでしょう。相手を嫌いになったとか、絶対にしたくない、という強い気持ちがあるわけではない場合です。日常の多忙が優先されてセックスが二の次、三の次になっているというケースです。

プロポーズについての項でも書きましたが、**夫婦（ニコイチ）のコミュニケーションで、どちらがイニシアティブを取るべきという決まりなどありません。**男女は平等です。気がついた人、気になった人が、自ら気楽に口火を切ったほうがよいのです。

幸せなニコイチを実現するためには、それぞれが幸せであることが第一優先です。不満があるなら、幸せのための話し合いは不可欠です。幸せのための話し合いなのですから、揉めては本末転倒です。それを忘れないようにしてください。

パートナーと話すのが難しい場合には、カウンセリングを受けるという方法もあります。セックスレスの分野を専門としている人もいます。二人で受けるのはハードルが高いという場合には、まずは一人で受けてみるのもいいでしょう。

離婚したいが子どもがいるので踏み切れない

気持ちのうえでは離婚をしてもいいと思っている。しかし、子どものためには夫婦が揃っていたほうがいいのではないかと悩んでいる。こういうケースはよくあります。経済的自立の問題がからむこともあります。ここでは経済面はクリアできそうだという前提で考えてみましょう。

離婚したいが、離婚しない場合には「仮面夫婦として同居を続ける」「夫婦として社会的（あるいは子どもの前では）体裁を保つ」という、矛盾したアクションを取り続けることになります。

短期間ならともかく、ずっと続けていくのはしんどそうです。

自分が「こうであったらいい」と望む状況と、乖離した現実。二つを埋め合わせるために**演技しながら生きていくことは、「ありのままに！」因子をないがしろにする行為**です。自分を偽りながら日々を過ごすうちに、「ありのままの自分はどうしたいのか」を自問する感覚が麻痺していきます。

自分のなかで「完全に」ケリがついているパートナーシップなら、しがみつくより手放したほうが幸せになれるでしょう。重荷を下ろして、一人での幸せにまた立ち返ることもできるでしょう。別のパートナーに出会う可能性も大いにあります。

懸案の子どもについても考えてみましょう。

両親の仲が良い家庭で育つ子どもは幸福度が高い傾向があります。両親が不仲であれば、その逆です。二人が揃っていても、いつもトゲトゲしているなかにいるのはなかなかきつい。家庭というものに、あたたかく幸せなイメージを持てなくなるでしょう。そのことは、パートナーシップに対して悪いイメージを植えつけることになるでしょう。

また、ある程度の年齢の場合、自分のせいで両親が無理をしているということが重荷になります。

いくら取り繕う演技をしても、子どもには見抜かれていると思ったほうがいいでしょう。子どもにとってはどちらも大切な両親です。しかし、両者が互いに強い嫌悪感をもっていることを感じ取れば、偽っている二人に対する嫌悪感も出てきてしまいます。

平均値としてみると、結婚をしている人の幸福度は高い傾向があります。しかし、結婚をしていても、その結婚生活が精神的に苦痛だと感じられるほどうまくいっていない場合には、一人でいるほうがよほど幸せです。日常の家事を、憎い相手のためにしなくてはならないという状態は、残念ながら苦痛でしょう。

結論として、離婚はかなりのストレスですが、離婚をしないことが大きなストレスな場合には、はやく離婚に踏み切ったほうがいいでしょう。

最初は好きで結婚した二人なのですから、もっとはやく、離婚という危機にならないようコミュニケーションを取ることが大切です。あるいは、離婚するかもしれない相手と結婚しないよう、結婚前に、自分と相手をより深く理解することも大切です。

最後に、厳しいことを言うようですが、一般論として、**ほとんどの課題は、双方に原因があります。相手だけが悪い、ということはほとんどありません。**お互い様です。課題のある相手を選んだことも含めて、双方が学び成長しなければ、同じことをくり返すでしょう。何か課題が生じたら、相手のせいにせず、自分の課題はなんなのか、自問することが大切です。一方で、自分のせいにしすぎる人もいます。そういう人は、相手の課題も考えてみてください。

教訓をまとめると以下の通りです。

相手のせいにしそうになったら、自分のせいにしてください。
自分のせいにしそうになったら、相手のせいにしてください。

ニコイチ体験談③

夫：【50歳／テレビ局勤務（技術職）】
妻：【48歳／ピアニスト・講師】

■**結婚年数**：18年　■**子ども**：長女（高校1年生）

17年目の離婚の危機

結婚17年目にして、夫婦関係が最悪の状態に陥りました。

離婚も視野に入れて話し合いをしてきました。しかし、離婚をして失うものの大きさを目前にしたとき、考えるようになりました。いまあるものを大切にし、改めてやり直すことはできないものか、と。

学校の授業で、いままで人間関係や夫婦間のコミュニケーションについて学んだことはありませんでした。コミュニケーションは誰にとっても大事なことなのに、不思議ですよね。本当は人生にとってこんなに大切な科目はないのではないか、と気がついたとき、運よく「幸福学・夫婦編」のことを知りました。これは絶対に行かなければならないと直感し、自分の仕事のスケジュールよりも何よりも最優先して全回出席することに決めました。

講座にはご夫婦で出席されている方も多かったのですが、私は一人で参加しました。夫と一緒に出かけるのは気が進みませんでした。それに、夫は斜に構えたところがある人です。私が講座で学んだことを試したとしたら、批判的なリアクションがありそうな気がしました。講座で教えてもらったからやるのかと思われるのは残念でしたので、講座のことも話しませんでした。

実は以前、夫婦でカウンセリングを受けたこともありました。しかし、あまり良い結果にはならなかったという苦い経緯があります。だから、この講座にも、最初はあまり期待し過ぎないようにして参加しました。

螺旋階段を上るような変化

受講してみてよかったことはたくさんあります。

まずいちばんありがたかったのは、回数が6回あったことです。受講後は、前野先生ご夫妻から影響を受けて、前向きな気持ちになり「試してみよう！」と思えます。それでも、2週間も過ぎれば、そのときのポジティブなモチベーションは失われていきます。また夫に対する不満が大きくなり、長年くり返してきた残念なパターンに陥る。それが、実際のところでした。でもそんなタイミングでまた次の講座が開催されます。そこでまたたくさんのことを学び、救われて、「やっぱり、頑張ってみよう！」と帰宅するわけです。

6回という回数を重ねるうちに、螺旋階段を上るかのように、だんだんと関係が改善されていきました。1回きりの講座でも学びはあったと思いますが、私のような重症ケースには厳しかったかもしれません。

具体的な講座内容については、ゲイリー・チャップマンの「5つの愛の言語」（158ページ参照）がいちばん衝撃的でした。このとき初めて、夫がこの講座に一緒に来ていたらよかったのにと思いました。

そのワークによると、夫は「スキンシップの人」、私は「プレゼントの人」だということがわかりました。このワークで、感じ方やツボは人によって異なるということに気がつきました。パートナーの言語が私の言語とは違っているのかもしれないという考えかたができたことは有意義でした。思うようにいかないと抱きがちな「どうしてわかってくれないの?!」という気持ちを柔らかくしてくれました。そして、向こうもつらかったのだろうなと感じました。

幸せな人に触れることは大事

私は普段から「理論（左脳）」よりも「感覚（右脳）」が優位なタイプです。講座も毎回のテーマになるほどと納得したりして、たくさん学びがありましたが、感覚的に得た影響も大きかったです。前野先生ご夫妻はじめ、参加されているたくさんのご夫婦を目の当たりにして、心から羨ましいと思う自分がいました。それがとても大きかった。

このままでは私はダメだ……と、理屈ではなく、感覚、肌で感じました。

いままでも私は、私の気持ちをわかってくれる素敵な人たちに恵まれてきました。同じような悩みを抱える者どうしとしてわかってくれる人もいたし、自分は夫婦円満だけれど共感してくれる友人もいました。とはいえ、夫婦関係に問題がない友人はやはり、私が悩んでいる以上、自分の幸せな話はしないように気遣ってくれていたと思います。それはありがたいことでした。しかし、講座を受講してみて、遠慮のない幸せを、聞いたり、見たりする機会が、いままであまりにも少なかったことに気がつきました。

実際、はじめて前野先生ご夫妻を目の当たりにしたときは、まさにカルチャーショック！　二人からあふれる幸せな雰囲気に接して、まるで天然記念物を見たかのような衝撃を受けました。こんな仲良しのご夫婦が本当にいるのだ、と。いまとなっては、当時、いったい自分がどれほどひどい状態で生きていたのかと思います。自分自身がかわいそうになりました。

はじめて講座に参加したときから、私の憧れは「前野先生ご夫妻」になりました。世の中にはこんな素敵な夫婦もいるのだ。こんな夫婦に育てられたら子どもはどんなに幸せだろう。そう思いました。私たち夫婦のもとにいる娘に申しわけなく感じました。

自分が変わるという決意

そうして、そこから私の挑戦がはじまりました。まず、私が変わろう。そう、決心したところからのスタートです。相手が変わるかどうかはわかりません。でも、いままでの自分自身の態度を振り返り、自分ができるところから変えていきました。すると、あんなに暗礁に乗り上げてきた夫婦関係が少しずつ変化しはじめました。最初は訝しがっていたあの夫が、徐々に変わってきたのです。

もちろん、すべてがスムーズというわけではありません。行きつ戻りをくり返し、「またやっちゃった……」という失態もお互いにありました。それでも、あきらめませんでした。

納得できない夫の態度に対しても、揉めると面倒くさいからといって逃げていてはダメだと自分に言い聞かせました。ときには、怖がらずに家族で話し合いを持ちました。夫に手伝ってほしいことがあるときも、伝え方を工夫してみました。ときには、あえて「頼まない」という選択もしました。でもそのときは、どうせ自分でやるのなら、気持ちよくやる。「私がやると決めてやる」という態度で臨みました。

そんなことを自分なりに細々と続けていくうち、いつしか夫から感謝されることが増えてきました。「ありがとう」と言ってもらえることが増えたのです。そうして家庭の雰囲気は少しずつ柔らかくなっていきました。

ピリピリとした空気がほどけていくと、家庭はあたたかい雰囲気になり、心地いいものに変わりました。居心地の良さを体感したら、私も夫もお互いにもうこの家庭の心地よさを手放したくなくなっていきました。

いまは1年前からはまるで想像もつかないくらいの、本当にあたたかい毎日を送っています。娘もとても嬉しそうです。食卓でもテレビを消すようになりました。テレビを見るよりも、会話をしながらのほうがずっと楽しくなったからです。

あのひどい状況からの奇跡的な復活は、講座を受けなかったら有り得なかったと思います。前野先生ご夫妻は私たち夫婦の恩人です。

もし、講座を受講していなければ、あのとき別れて、次の結婚をしたとしてもまた同じ悩みを抱えることになっていたと想像します。

パートナーシップ、コミュニケーションの築きかた——こんな大切なことをきちんと学ぶことなく大人になるのは危ないことですよね。苦い経験をした親として、娘にもいつかコミュニケーションについて学ぶ機会を必ず持ってもらいたいと感じています。そのときは前野先生、どうぞよろしくお願いいたします。私たち家族は、前野先生ご夫妻たちの講座に出会えて本当にラッキーでした。心より感謝申し上げます。

第5章

ニコイチから世界へ
――広がる幸せの輪

幸せなニコイチを
拡張すると、
幸せな世界は
実現する。

不幸の悪循環と幸せの好循環

これまでにいろいろなケースを見てきましたが、パートナーシップの成否は、要するに、不幸の悪循環に陥るか、幸せの好循環に乗るかの違いだということができます。

図（248ページ）に示したように、不幸の悪循環は闘《たたか》いモードです。相手よりもより大きなものを得たいという欲求がぶつかります。私の要求を闘って勝ち取らなければならない。相手の不条理な要求は受け付けない。問題は相手のせいにする。戦争や労使交渉のようです。パートナーって、闘いだったのでしょうか？

パートナーシップとは、本来、与えられた以上に与えたいと思う無償の愛が起点になっているはずです。「何かしてほしい」より「何かしてあげたい」のほうが大きい状態です。「どちらのせいか」ではなく「いかに私が解決に貢献するか」。ここが起点になっていれば、好循環のループがぐるぐるとまわりはじめるのです。

■ 不幸の悪循環と幸せの好循環

(a) 不幸の
悪循環ループ

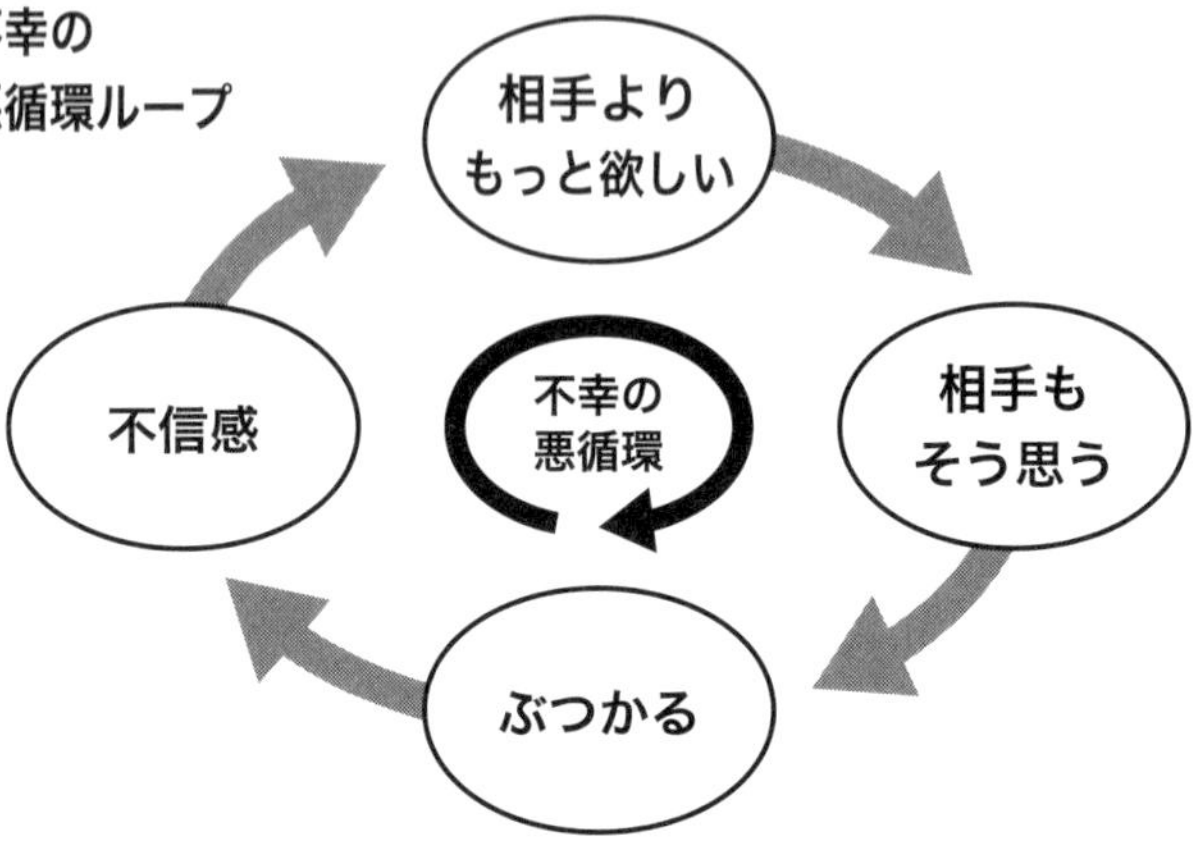

(b) 幸せの
好循環ループ

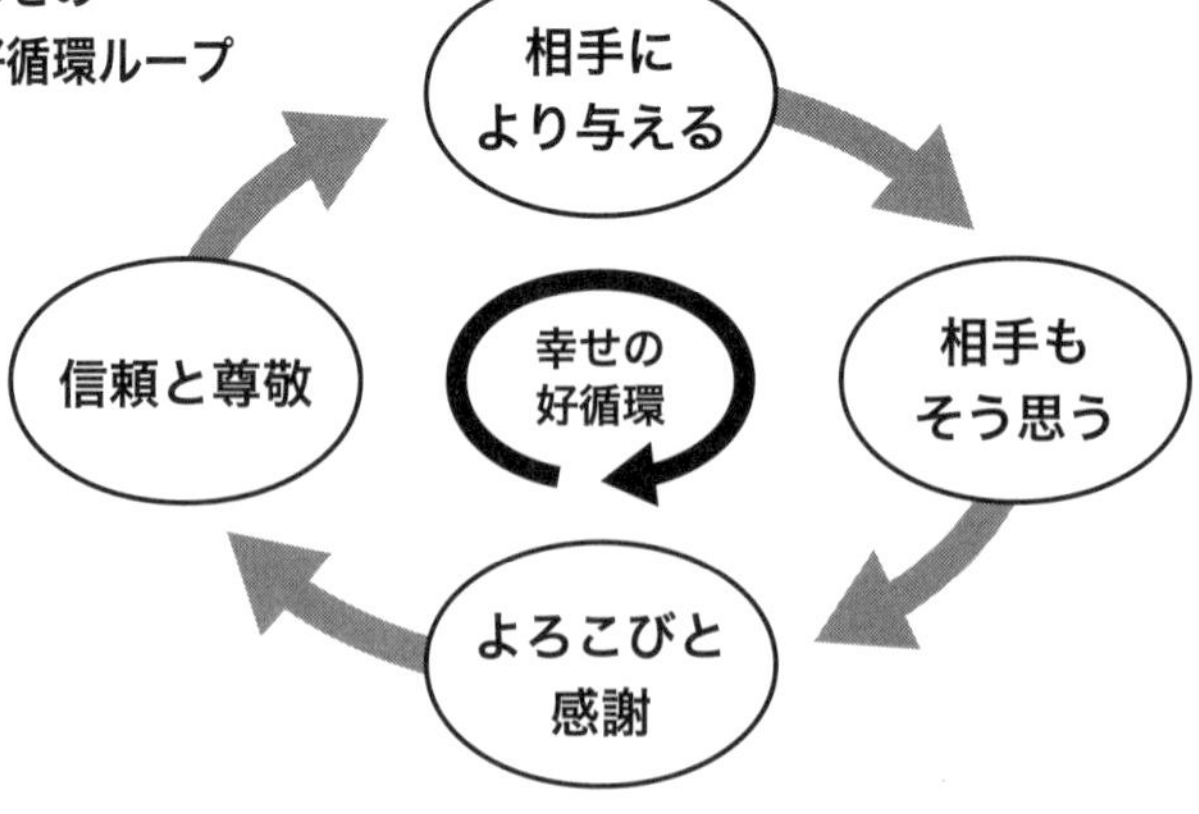

ポジティブにまわりはじめれば、ニコイチとはパワフルな幸せエンジンなのです。

「1＋1＝∞」がニコイチの可能性

妻と結婚したことは私のいまの幸せに大きく影響しています。結婚する前もじゅうぶん幸せでした。しかし、パートナーを見つけて家族ができたことで、もっとも信頼する人と幸せを共有できる力強い喜びが加わりました。

誰かとパートナーシップを結ぶというのは奇跡的なことです。相手はもともと、赤の他人だった誰かです。その誰かと縁あって知り合い、その誰かが唯一無二の存在となってパートナーシップを結ぶ。素晴らしいことです。感謝ですね。

パートナーシップのよさは、「1＋1」が「2」にとどまらない可能性を秘めている点です。いいパートナーシップでは、双方が、自分の幸せのために努力するように、相手の幸せのためにも努力をします。いままで自分のためだけに負っていた責任感が相手に対しても芽生えます。そのなかで、「相手の幸せのため」に生きるという新しい幸せを感じられるようになります。一人のときよりもニコイチでの幸せがずっと大きなものになるのはこういうわけです。「1＋1」が単純に「2」になるのではない。もっと大きなものになっていく。

さらに、年月を重ねていくうちに、最初は一対一で完結していたニコイチの関係に、かかわる人がどんどん増えていきます。最初は互いの親戚や友人、同僚とのつながりにはじまり、子どもが生まれれば子どもとつながり、子どもの友人やその親とつながり……。ニコイチの輪はどんどん大きく広がっていくのです。そして、自分の幸せのために努力するように、みんなの幸せのためにも努力をすることが、自然に当たり前になります。

こうして人間関係もどんどん大きくなれば、日々も忙しくなります。忙しくなるとつい忘れがちですが、そんなときには改めてもういちど、パートナーと積み重ねてきたものに目を向けてみてください。いまの充実した日々は、かけがえのないパートナーとの協働でもたらされたとわかるはずです。ふと気づくと、ニコイチは恋愛感情という枠にとどまらない、重層的な愛で結ばれた関係になっているのです。

本書では、幸福学の研究で明らかになった「幸せの4つの因子」を軸にしながら、幸せなパートナーシップを築くためにできることを解説してきました。

第5章では、私たち夫婦の日常（ニコイチ＝人間関係の最小単位）を例にしながら、その小さな幸せの輪をもっと大きな輪に育てていくことについて考えてみましょう。

ニコイチは人間関係の最小単位

以前、こんなことがありました。

いつも忙しい夫ですが、昼過ぎまで家にいて、のんびりとパソコンをいじっています。

「今日は予定がないの？」

「うん。午後4時の打ち合わせまで何もないんだよね」

「だったら、家のそうじを手伝ってもらえない？」

「いや、やりたいことがあるんだよねー」


私からすると、のんびりとパソコンをいじっているくらいなら、家事を分担してよ、という気持ちになります。しかし彼は、予定がないから家にいるだけで、仕事をしているんだと言います。しかものんびりしているように見えますが、今日が締め切りの原稿を書いているのだと。通勤時間節約のために家で仕事をしているのだから仕事をさせてほしいというのです。家事をするのが嫌なのではないし、家事をしてくれていることには感謝しているけれども、いまは家事はできないと言います。一理あります。

私の直感では、原稿を書いているというよりも、ネットサーフィンをしているように見えましたが、ネットサーフィンも調べ物だったのかもしれない、とポジティブに捉えることにしました。

それで、仕事と家事の分担をどうするか、見直しの話し合いをしました。その結果、夫は資料を作ったり事務処理をするのが早いので、私の講演やワークショップの資料作成は全面的に手伝ってもらったり、会社の事務作業をもっと夫にやってもらうことにしました。そして、その代わりに、夫の家事負担は少なめにするということに。得意なことを得意なほうが担当するという分担が、これまで以上に明確になり、スッキリしました。

もしかしたら、「どうしてあなたは○○をしてくれないの?」という相互の不満の応酬になりがちなケースだったかもしれません。しかし、相手はなぜそう思うのかを相手の気持ちになって考えると、答えは見つかりました。どの家庭でも、各家庭ごとのクリエイティブな解決策は必ず見つかるのだと思います。

ニコイチは最小単位の人間関係です。

いかなる人間関係でもコミュニケーションが大事であるように、パートナーシップのコミュニケーションは大事です。何か気になったときには、無理して我慢したり、問題などなかったかのようにやり過ごすのではなく、ちゃんと伝えるようにしましょう。楽しみながら。

日常のちょっとしたすれ違いは、言葉の使いかた一つで、ケンカになったり、ならなかったりします。家事分担がうまくいかず、一方が我慢して仕方なくやっていると、あるとき積もり積もった我慢が怒りとなって爆発するということもよく聞きます。一人で抱え込んでしまっていると、キャパシティーを超えた瞬間にあふれ出してしまうのです。

夫婦として長年いろいろな経験をしていると、私がこういう言いかたをしたら、夫はこう言うかもしれない、というシナリオが想像できるようになります。想像し得るシナリオから、互いがいちばんハッピーになれるシナリオを選ぶよう心がけています。チェスや将棋に少し似ているかもしれません。いろいろな手があるなかからいい選択をするのです。何手も先を読むつもりで、楽しく想像力を働かせるのがコツです。

しかも、手のうちは相手にすべて明かします。「今日、こう言ったら、こう言うんじゃないかと思った」みたいに、すべてのかけひきをオープンにネタにして楽しみます。ネタをばらし続ける手品のようです。

私たちは、面白がりながら自分の意思を伝える楽しい会話法を26年間鍛えてきたとも言えるかもしれません。**会話がワンパターンにならないように努力することは、クリエイティブに発想する努力をすることと同じ**です。相手を楽しませながら何かを伝えることができることは、とても嬉しいことです。

クリエイティブに発想するには、心に余裕が必要です。いっぱいいっぱいのときは、いいアイデアが生まれませんよね。会話も同じです。イライラしていて余裕がないと、クリエイティビティがブロックされてしまいます。いい言いかたが見つからないまま、ついモヤモヤをそのままぶつけてしまったりします。そうならないように、自分が幸せであることが大切です。**いつも、幸せファーストです。**

私たち夫婦の様子をもっと知りたいという方は、ぜひＹｏｕＴｕｂｅの「はぴｔｕｂｅ」を見てください。二人の動画をご覧いただけます。

ニコイチのための幸せなコミュニケーション

MADOKA

円満なパートナーシップを築くためにいちばん大切なのはコミュニケーションですが、幸せになるためのコミュニケーションのポイントは、以下の3つです。49ページで述べた4つ（listening, suspending, respecting and voicing）とも関係しています。

① 感情的になりすぎない素直な言葉で伝えること（respecting and voicing）
② さえぎらずに相手の気持ちを聴くこと（suspending and listening）
③ そのうえで、互いの幸せを考えた言葉を発すること（respecting and voicing）

ところがイラっとして感情的になると、次のようなことが起きてしまいます。

①　感情的に攻撃的な言葉を投げる（尊敬・尊重がない）

②　相手の話をさえぎり聞く耳を持たない（判断の保留と傾聴がない）

③　互いの幸せではなく、相手を攻撃することを目的にした言葉を発する（尊敬・尊重がない）

不幸の悪循環ループ（247ページ）のところでも述べたとおり、言い負かすことが目的になってぶつかるようでは本末転倒です。**「イラッ」としたり「怒り」の感情が出てきたりしたら、それに従うのではなく、その感情をサイン（予兆）だと捉えましょう。**幸せの好循環ループに移行するためのサインです。

イライラしてしまったときは、少し深呼吸する気分で我に返って、なんのためにこのいら立ちを相手に伝えようとしているのかを考えるようにするといいでしょう。相手を攻撃して溜飲を下げるためではありません。なぜいら立つのかを共有することでより良い未来をつくるためです。

哲学者のニーチェは「結婚生活は長い会話である」と言いました。二人の間に会話がなくなれば、ニコイチのパートナーシップは別のものになるでしょう。パートナーというよりは、単なる同居人、一緒にいるだけの他人になってしまうのではないでしょうか。

『エピソードでつかむ老年心理学』（大川一郎・土田宣明・宇都宮博・日下菜穂子・奥村由美子 編著、ミネルヴァ書房、２０１１年）という本があります。この本のなかで、夫婦のコミュニケーションは「**対話型**」（夫婦がともに話し合う）、「**妻だけ会話型**」（妻から話しかけても夫はあまり妻に話をしない）、「**夫だけ会話型**」（夫から話しかけても妻はあまり夫に話をしない）、そして「**沈黙型**」（対話がない）タイプに分類されています。そのうえで、夫婦の子どもの年代ごとに、夫婦の会話のタイプとその量をリサーチした結果を掲載しています（259ページ）。

結果として、いちばん年下の子どもが中学生・高校生になると、夫婦のコミュニケーションは沈黙型の割合が多くなります。そして対話型が少なくなります。コミュニケーションがもっとも足りないのが、子どもの年齢が中学生・高校生のときであるということがわかります。

子どもが成長するにつれて、夫婦の会話が減るのはどうしてなのでしょうか？

■ 末子の発達段階別夫婦の コミュニケーションタイプ

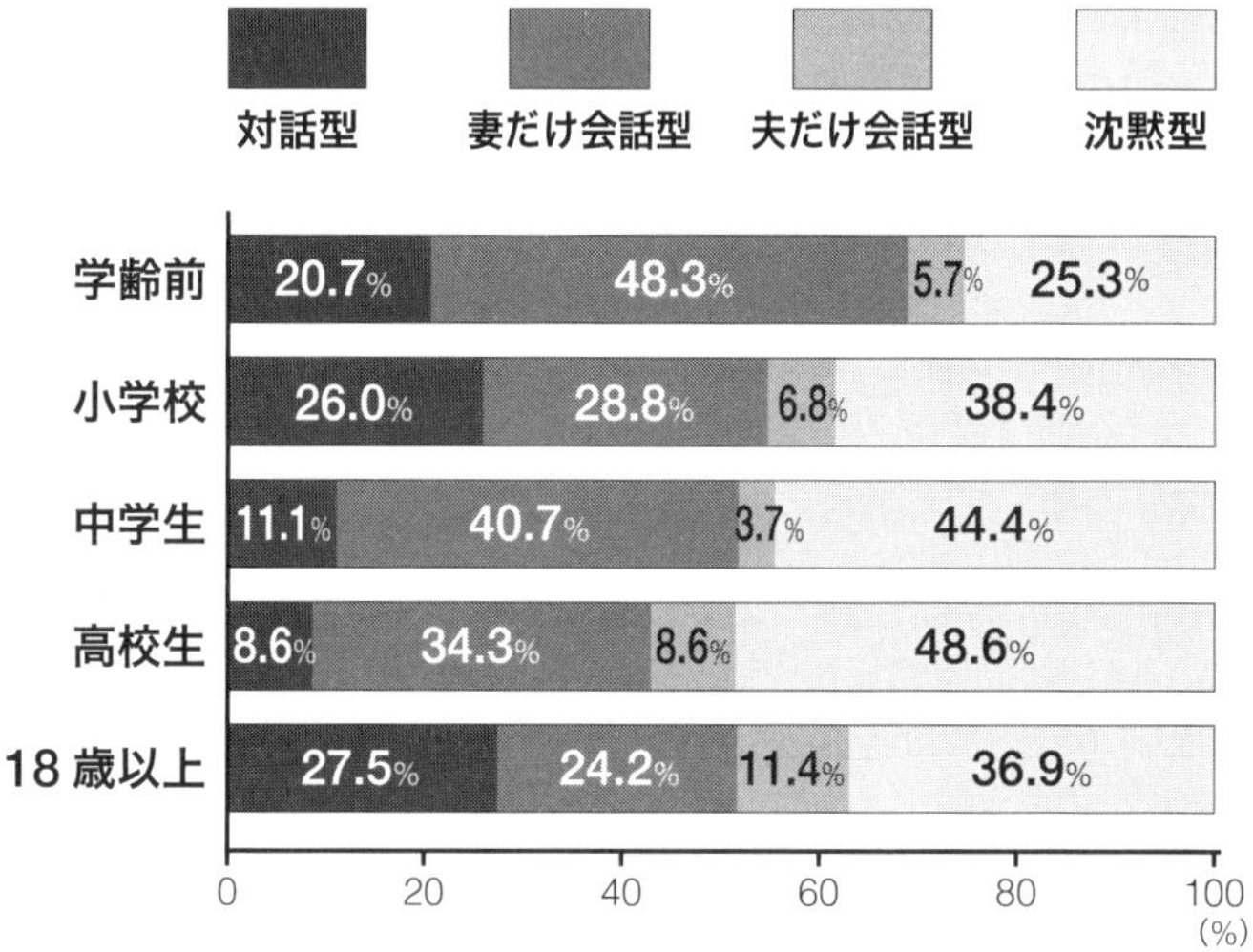

※ 出典：宇都宮博著『エピソードでつかむ老年心理学』（大川一郎／土田宣明／宇都宮博／日下菜穂子／奥村由美子 編著、ミネルヴァ書房、2011年）

いろいろな仮説が考えられそうですが、一つ言えそうなことがあります。夫婦間の主な話題が子どもであるというパターンです。これはまずいですね、子どもが自立していくにつれて、自然と夫婦でそのことを話題にする必要が少なくなっていくケースです。夫婦間の会話が「親どうしとしての業務連絡」に終始していないか、ふり返ってみてください。

せっかく自立した二人の大人がニコイチになり、家族を築いたのです。その二人が「母」「父」、あるいは「妻」「夫」という役割だけにとどまるのはもったいないと思いませんか。二人はそれぞれ親であり夫婦であるかもしれませんが、それ以上に「比類なき個」なのです。役割以外の可能性をたくさん持った、生きる個性です。そこに惹かれ合って一緒になったはずなのですから、お互いにまた「個」の面に目を向けてみるべきでしょう。私たちはなんのために生きているのか。何をしたいのか。何をすれば魂が喜ぶのか。二人でともに行っている子育てのような部分以外の興味や関心、夢や悩みといったものを、パートナーと共有してみてください。自分が当事者として関与していない相手の領域だから、パートナーの助言や励ましが効くということはあります。パートナーと話すなかで、やりたいことが見つかったり、成長していくこともあるでしょう。まさに、パートナーシップの醍醐味です。

なお、**パートナーとのコミュニケーションの悩みはガラパゴス化する**のが常です。ニコイチの数だけ、それぞれの関係性があります。ですから、**他の人に相談し、多様なニコイチの在りかたを理解することも大切**です。

熟年になって距離を詰めてくる夫と、距離を取ろうとする妻

日本では、**男性は女性に比べると、自分について本音で話すこと（自己開示）が少ない傾向がある**と言われています。

特に中年期になると、友人や同僚に対する自己開示はどんどん減っていきます。

しかし、パートナーに対しては自己開示の程度があまり変化しない傾向がありま

す。これはつまり、弱みや不安など、自分のことを話す相手が、年とともにパートナーに限定されてくるということです。

女性はパートナー以外にも悩みを話したりする女友達がいることがほとんどです。自分で抱え込まずに人と共有する機会が多いのです。

こうした傾向を考えると、**男性にとって、パートナーと良好な関係を築くことは年を取ってからの心の安定のために重要**だということです。そのためには、会社生活での闘いモードには陥らずに、謙虚に自己開示し、オープンでフラットな関係性を築くことが重要です。いや、対等どころか、自分のこれまでの活躍はすべて妻のおかげ、くらいの関係性になるべきです。

パートナーといい関係を保ちつつ、交友関係を広げていき、心を開いてなんでも話せるような人間関係をつくることができれば、それがいちばんです。

男性がこもりがちになる一方で、女性からよく聞くのが「いろいろ話をしても、思うようなリアクションがない。共感してもらえない」という悩みです。人は誰しも、自分が話したことを真剣に聴いてもらいたい、思いを共有したい、という気持ちを持っているのです。

夫は妻に対して共感を寄せるコミュニケーションをしているつもりだったのに、妻はそうとらえていなかったというケースもあります。男性のほうが女性よりも感情を抑える傾向が強いことも影響しているでしょう。双方のとらえかたにギャップがあるわけです。


こうしたことが積み重なると、熟年になったときに、双方の間のギャップが埋められないものになっているということが起こります。

子どもたちも巣立ち、自分は定年退職を迎え、時間もできたことだし、妻と旅行でも、と思ったら、妻から「NO」をつきつけられる。

妻の側としては、たくさん話をしても共感してくれない、あるいは話をちゃんと聞いているのかさえわからないパートナーよりも、女友達と一緒に旅行に行きたいという気持ちになる。

しかし、冷静に考えてみてください。女友達は、仲が良くても日々をともにするわけではない他人です。だから、お互いの話を聞くようにちゃんと努力するし、気遣いもします。ちゃんと聞いてもらえて、言ったことをおざなりにせず共感の言葉も返ってくる。だからやはり楽しいわけです。

毎日一緒にいるパートナーだからこそ、友達以上の気遣いを持つことが必要なんです。パートナーは何を話したがっているのか、何を欲しているのかを、理解しようとしてください。

ただし、気を遣ってばかりだと疲れますよね。自然に、相手に対して思いやりを持てるのがベストです。

そのためにも夫婦で旅行に行ったり外に出かけたりすることはおすすめです。家族旅行や、家族でのお出かけもおすすめです。楽しいからだけではありません。日常生活のルーティンが、そこでいったん途切れるからです。また、**体験型の消費は購入型の消費よりも幸福度を高める**という研究結果もあります。

着々と日々をこなすルーティンのなかでは、相手に不満を持っていても、それに向き合わずに済みます。しかしルーティンが途切れれば、普段こなしていた「やるべきこと」が、ほとんどなくなります。結果としてお互いに向き合うことができます。

いまはまだ子どもが小さくて、夫婦ニコイチで旅行どころではないという人も、ぜひ、未来を想像してみてください。子どもたちが自立した後、目の前のパートナーと一緒に「第二の人生」を歩みたいですか？　「ＹＥＳ」ならば、いまどんなことに気をつけておけばいいですか？　自ずと答えは見えてきます。

ニコイチを続けるための３つのタイプ

先述の『エピソードでつかむ老年心理学』に、結婚生活の種類を３種類に分けた図（266ページ）が紹介されています。

「結婚生活がずっと続くこと」を前提と考えている夫婦関係にも、関係維持に対するモチベーションのレベルによって次の３タイプに分けられるというものです。

■ 結婚生活におけるコミットメント指向性モデル

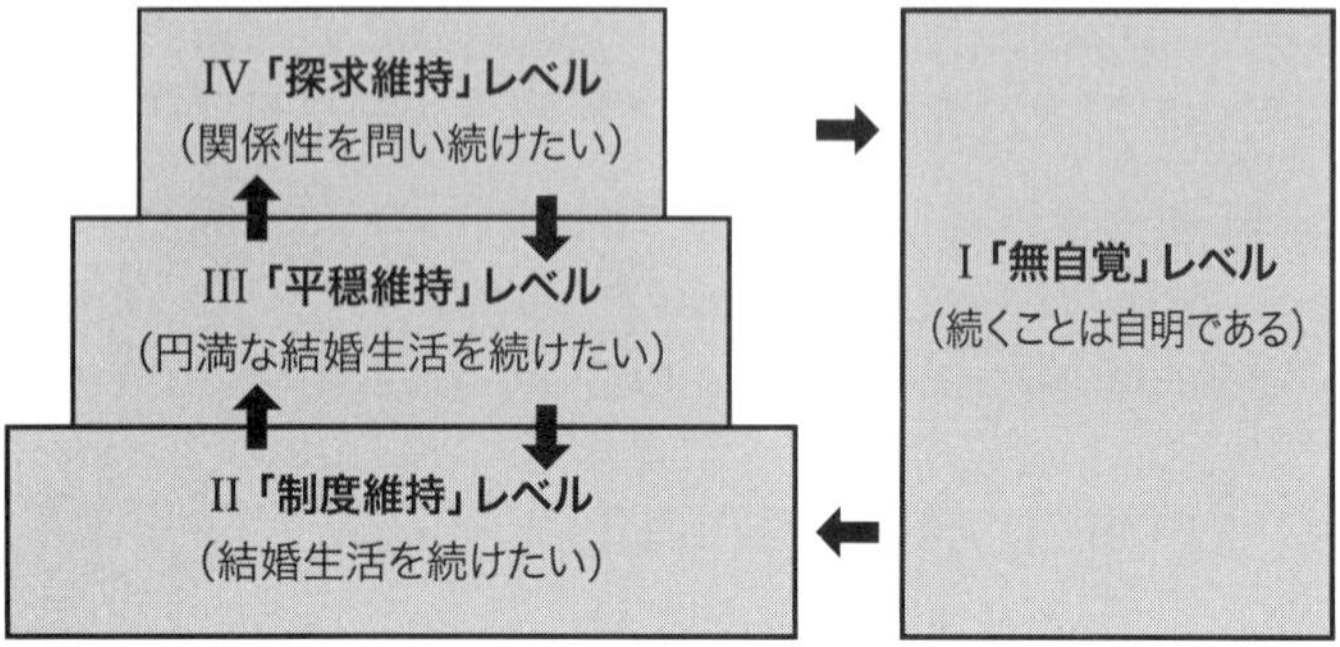

※ 出典：『エピソードでつかむ老年心理学』

① 制度維持
② 平穏維持
③ 探求維持

「制度維持」レベルにある夫婦は、世間体、子どもの存在、経済的事情などにより、離婚を回避しようとする姿勢があります。パートナーとの関係性は優先順位が低く、とりあえず「結婚している状態」が続けばいい、という考えかたです。このタイプの夫婦は、実はわりとよくいるのかもしれません。

　たとえば、ある種の照れかくしのケースもあるので、どこまで本気かはわかりませんが、宴席などでパートナーの愚痴を言う人がいます。そのうえで、「でもまあ、お金は入れてくれるしね（家事はやってくれないけど）」と諦観にも似たところにトークが着地するというようなケース。

あるいは、夫婦双方の考えかたにズレがあるケースにもこのタイプは当てはまるかもしれません。どちらかは相手にまだちゃんと興味を持っているが、もう一方は冷めている。とはいえ、結婚生活はそんなものだと思っていて、現状維持のままでいいと考えている場合です。

いずれにせよ、双方が「いちど結婚したなら、多少は不満があっても維持するものだ」と思っていたら、「制度維持」レベルのモチベーションでも結婚生活は続いていきます。

真んなかの「平穏維持」タイプは、円満な結婚生活を続けたいと思っていますから、幸せなパートナーシップと言えるでしょう。さらに幸せで「制度維持」レベルの対極にあるのが「探求維持」レベルの結婚生活です。

パートナーのことを理解したい、もっと知りたい、自分のこともわかってほしいという、相互理解欲求が強く残っています。パートナーの存在する意味や、結婚の意味、二人の関係がどうあるべきかといったことを探求し続ける姿勢です。結婚という制度そのものを重視するというよりも、パートナーとの関係性を重視しています。親密な心の通い合いがあるタイプです。**年を重ねてももっと知りたくなる理由は、二人が変化し成長するから**です。どんどん新しくなるから飽きません。自己実現と成長（「やってみよう！」因子）です。

私たち夫婦は26年間、「探求維持」タイプを維持してきました。そして、本書の読者は、すでに「探求維持」レベルにあるか、あるいはそうなりたいと思っている人たちなのではないでしょうか。「制度維持」レベルで結婚生活が続きさえすればよい、と思っている人はわざわざ本を読んでパートナーシップをよくしようとは思わないはずだからです。

ほとんどのカップルは、はじめの頃、お互いのことを知り合いたいという「探求維持」レベルからはじまったはずです。交際期間を経て婚約、結婚というふうに、時間とともにニコイチの関係性が変わっていきます。結婚する段階で、すでに相手に対して興味がないという人はあまりいません。
ただ、結婚してから数年が経過してエンドルフィンの分泌がストップするまでの間に、上手に友達愛、家族愛に移行できないニコイチもいます。どちらかが浮気をするといった裏切りがあって、信頼関係が根底から崩れてしまうような決定的なできごとも起こり得ます。それでもなお、子どもや世間体、あるいは自分自身の結婚に対する信念によって、離婚は絶対にしたくないという場合、「制度維持」、あるいは「平穏維持」のレベルにシフトしていくのかもしれません。

どちらにせよ、大半の夫婦は関係性の良し悪しにかかわらず、「夫婦関係は今後もずっと続いていく」という前提のもと暮らしていると思います。でも本当は、その前提そのものが崩れ去ることもあると考えてみてください。そうすることで、崩れないためにどんな努力をすべきか、どのように成長すべきかが見えてくるのではないでしょうか。そして何より、いまあるパートナーシップが実はかけがえのないものであることを思い出せるのではないでしょうか。

愛と世界平和のリンゴ

幸せな人は全体を俯瞰できる人で、不幸な人は部分にとらわれる人だという話を前にしました。

部分を捉えることと、全体と捉えることは、実は同時にできます。部分と全体の入れ子構造を絵に描いてみました。リンゴの断面図みたいなので「利他のリンゴ」と呼びましょう。

左半分が自分、右半分がパートナーだと思ってください。いちばん真んなかのタネのようなところが、それぞれのエゴ（自己）です。たとえば、「そうじをしてほしい」「忙しいからそうじができない」などの自己主張をする部分です。この黒いタネだけが左右で情報交換をしていたら、ケンカになります。利己と利己のぶつかり合いです。

しかし、**エゴの周りには、相手を思う気持ち、家族を思う気持ち、同僚や友人を思う気持ち、世界中の人々のことを思う気持ちがある**はずです。その広いとこ

■ 利他のリンゴ

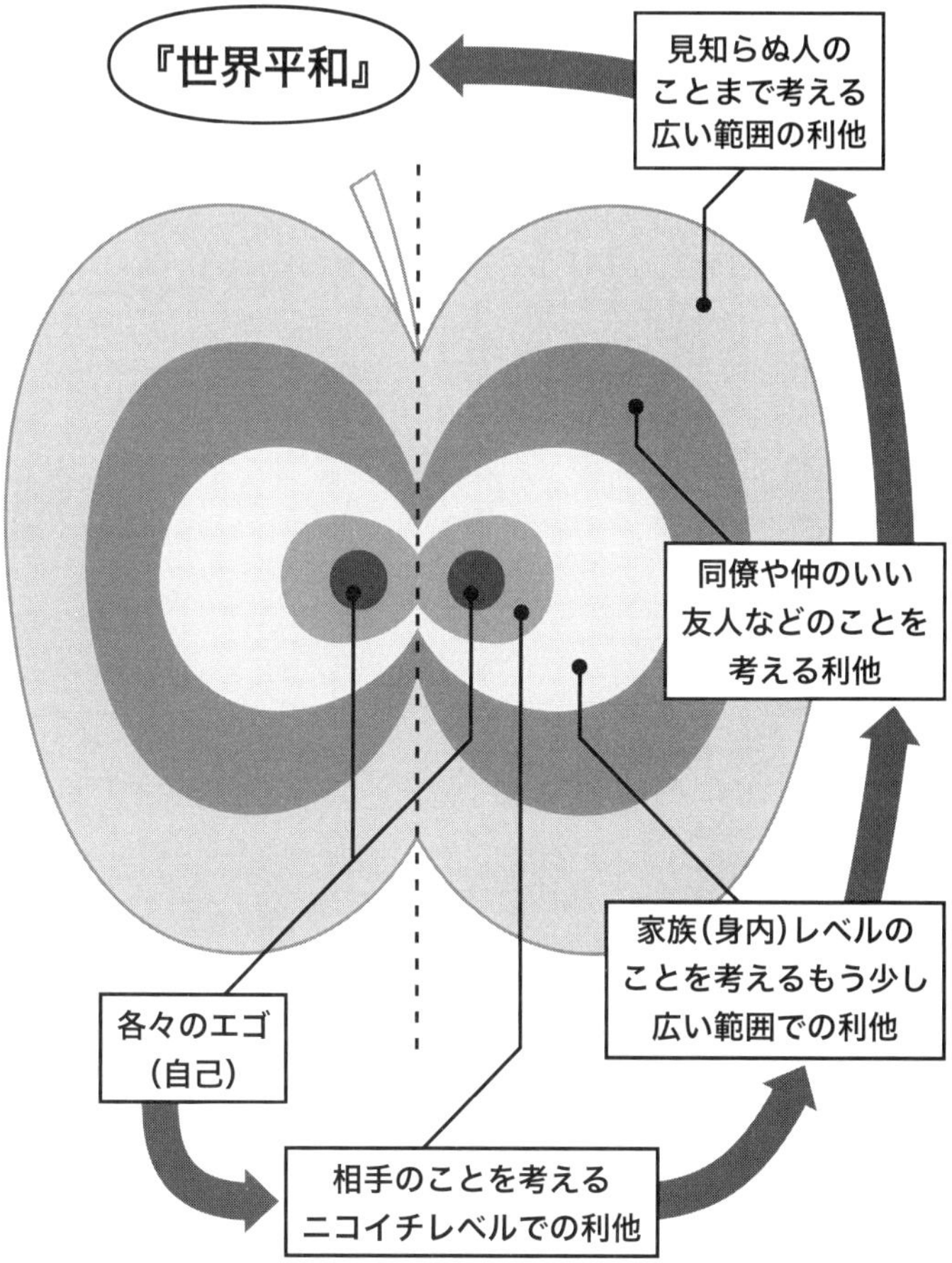
『世界平和』
見知らぬ人の
ことまで考える
広い範囲の利他
同僚や仲のいい
友人などのことを
考える利他
家族(身内)レベルの
ことを考えるもう少し
広い範囲での利他
各々のエゴ
(自己)
相手のことを考える
ニコイチレベルでの利他

ろまで、自分と相手のことを見る視野が広がっていたら、「みんなのためにそうじをしているんだね」「みんなのことを考えているのに忙しくてそうじはできない」のように寛容になれます。

未熟な人は自分のことしか考えることができません。やがて成長し、大切にしたい人が現れると、その人の幸せ、そしてその人と自分がともにいる幸せを考えるようになります。

さらには、二人だけの世界からもう少し視野が広がり、自分やパートナーに関係する人たちの幸せも考えるようになります。子ども、双方の家族、友人、同僚、知人、子どもの友人の親などです。

こうした誰かの幸せを願う気持ちは、やがて知らない人の幸せを願う気持ちにもつながっていきます。知らない国にいる知らない人の幸せも願う。大げさなことではありません。非現実的なことでもありません。**人間は抽象的な思考をできる生物です。想像力があります。誰もが、ありありと世界中の人々の幸せを祈る力を持っています。**

そして、すべての個人が幸せを願う想像力を持てるようになれば、世界はきっと平和になります。

いま、ちょっとしたことですぐにケンカになるカップルというのは、リンゴの図のいちばん小さい範囲でぶつかりあっている状態です。そういうときは、少しその範囲から離れるつもりで、リンゴ全体を俯瞰してみることです。メタ認知です。

自分の心理状態がどんなものなのか把握する習慣を身につけていると、こうした観察もしやすくなります。感情的になって、後から後悔するようなことを言う衝動も抑えやすくなります。

よくケンカになるニコイチは、そのときの会話やコミュニケーションが、このリンゴのどのあたりまで広がっているのか意識してみてください。

世界の平和という究極的な課題に比べてみれば、自分たちの**ケンカなど実に些末です。ケンカなどしている場合ではありません。大きく世界を捉えよう**ではありませんか。リンゴの全体として、左右で相手とわかり合う関係性を築こうではありませんか。ニコイチ、つまり世界最小単位の人間関係が幸せであることが、世界平和実現の第一歩なのですから。

世界をハッピーにする真の「うけたもう！」とは？

MADOKA

以前、夫に誘われて山伏の修行体験に参加しました。宗教を超えて、山と人々の平穏を願う旅です。２０１７年のことです。２泊３日で、月山《がっさん》や羽黒山《はぐろさん》に白装束と足袋で登ったり、滝に打たれたりする、かなりハードなものでした。

修行の内容については口外しないことになっているので、二人ともなんの予備知識もなく参加しました（本書では、問題ない範囲で修行内容について書きます）。「行きたい！」というノリで参加したので、想定外の経験となりました。私にとって、人と会話することは息をするのと同じようなものです。ところが、この修行では私語厳禁なのです。一切しゃべってはいけないのです。これは私にとってはつらすぎました（笑）。たったひとこと許される発話は「うけたもう」（承ります、の意味）というフレーズ。名前を呼ばれたり、「次は○○をします」と言われたときに、「うけたもう」となんでも引き受けるのです。

先日、夫婦でこの体験について振り返りました。そのときに、いま思えばさまざまな「うけたもう」があったということに気がつきました。同じ「うけたもう」というフレーズでも、そのときの自分の心理状態を見事に反映していたんです。たとえば、一日中歩き回って、くたくたに疲れ切っているときに何か言われたとします。

「うけたもう……（はいはい）」

とりあえずは「うけたもう」とは言います。でも正直それどころではないという気持ちでした。

あるいは、疲れているのだけれど、なんとかモチベーションを上げようとしているときがあります。

「うけたもう!!」

あえて大声で、元気いっぱいに。

また、カジュアルに納得して言う「うけたもう」もありました。同じ「うけたもう」でもそれぞれ違います。人によっても違います。何度も修行に来たことがある人の「うけたもう」は、やはりどっしりと、落ち着いています。私の「うけたもう」とは据わりが違います。これは、まさに人生の縮図だな、と思いました。

ニコイチのパートナーシップでもこういうことはあると思いました。長く一緒に暮らしていると、いろいろなことが起こります。人生そのものです。いろいろなことを、場合によっては理不尽なことでさえ、受け入れざるを得ない。運命です。つまり、人生とは、あらゆる運命を受け入れるということなのではないでしょうか。山伏修行はその縮図でした。

そして、**「うけたもう」（どんなことも文句など言わず受け入れて、自分はいつもポジティブに生きていくぞ！）と宣言することは、何か清々しい**ものです。心の許容範囲が広くなったような心地よさがあります。

そんなこともあって、修行から帰ってからしばらくは、我が家で「うけたもう」

ブームでした。お互いに何か頼まれたときに「うけたもう！」と言うのです。いま改めて、あのときの気持ちを忘れてはいけないと感じています。いつだって、パートナーに対して、そして**人に対して、いつも最高の「うけたもう」を伝え合えたら世界はきっと幸せ**です。みんなでハッピーになれるはずです。

パートナーが頼んできたことは、すべて、受け入れる。もちろん、わかり合っているから、頼むほうも受け入れられることしか頼まない。そんな関係ができていると、ニコイチは幸せです。考えてみると、私たち夫婦は、修行に行く前から、そんな関係を築けています。**信頼し合い、尊敬し合っているから、すべてポジティブに受け入れられる**関係。安心・安全でストレスフリーです。ぜひ皆さんも目指してみてください！

終章

ニコイチとはなんだったのか？

二項対立からニコイチへ。
愛する世界が
深く大きいほど
人は幸せである。

幸せとは、自分と世界を愛すること

さまざまな幸福学研究を行ってきた結果、わかったことをもっともシンプルに表すと、以下のようになります。

幸せな人とは、自分を愛し、世界を愛している人である。

自分を愛するとはどういうことでしょうか？

自分を愛している人は、「やってみよう！」「なんとかなる！」「ありのままに！」因子が身についている人です。いまの自分を認め、受け入れ、大切にできているから、どんなことも自信を持ってトライできる人。専門用語でいうと、**自己肯定感が高く、自己受容できていて、自尊感情が高い**人。

では、世界を愛するとはどういうことでしょうか？

世界を愛する人は、「ありがとう！」因子が身についている人です。周りの人たちとの多様なつながりを通して、思いやりを持ち、感謝することができている人。**自己有用感、他者貢献感が高く、他者受容ができる人**です。

愛する世界が大きいほど、人は幸せです。先ほどのリンゴの断面図を思い出してください。

まずは自分をきちんと愛しましょう。まだまだ愛が小さい人も、自分を大切に。そして大切な人を愛しましょう。一人からニコイチへ。

ただし、ニコイチはすぐそばにいる関係だからこそ、甘えも出てきがちです。近くにいるからこそ、かえって愛情を示すことができないということにもなりがちです。しかし、そんなときはぜひ、本書で解説した「幸せの4つの因子」を思い出してください。縁があって一緒になった二人の関係性を、大切にしてください。

ニコイチが愛に満ちたら、次は自分たち二人を取り巻く人も愛してください。友人、親戚、同僚、顔見知り……。愛の輪は無限に広がります。

愛が無限に広がるなかでは、ときに気が進まない仕事や付き合いでも「うけたもう」の精神を思い出してください。PTAの役員でも、頼まれた仕事でも、「やってみよう！」です。偶然のめぐり合わせで一緒に何かをすることになった人たちとも、ともに歩むことが可能です。なんとかなる！

そして最後には、自分の敵のように思える人も含む、すべての人を愛してください。簡単ではないかもしれません。しかし、これができれば、本当の意味で世界を愛していると言えるでしょう。

ニコイチとは、二項対立を超えること

とある僧侶の方と対談したとき、愛についての話になりました。どうすれば、交際初期のドキドキした恋愛感情や、結婚初期の幸福な感情を、その後もずっと

続く、家族愛、兄妹愛、あるいは人類愛にまで成長・進化させていけるのか。

僧侶の方は、そうした進化をシームレスに起こしていくには、「学び」が必要だとおっしゃいました。生活をともにするなかでの、さまざまな学びです。そして、学びの機会は多くの場合「苦痛（痛み）」というかたちで現れるのだというのです。身近な人との意見の食い違い、仕事上での失敗、病気、人間関係の破綻、挫折など。

私は、**学びのために必要なのは「苦痛」だけではないと思います。「喜び」。むしろそちらのほうが重要**ではないでしょうか。ものごとをポジティブに捉えれば、楽しみながら成長することが可能です。実際、私たち夫婦はいつも楽しみながら成長してきました。あらゆるできごとをポジティブに捉えれば、すべては苦痛ではなく楽しみです。

ニコイチのもともとの意味は、ポンコツになった機械二つの部品を使って一つをつくるという意味でした。**人間も、ポンコツとは言わなくても、みんな、欠陥だらけです。だからこそ、他の人と補い合うことによって、成長できる**のではないでしょうか。学びはポンコツの**欠陥を正すことと考えると苦しみに感じられる**

かもしれませんが、「不十分な二人が助け合うとこんなに補い合えるね」と捉えれば喜びですよね。

さて、苦痛と喜びは、本来分けられないものです。二つで一つ。ニコイチです。表と裏。他のすべての物ごともそうです。善と悪。私と私以外。正しいことと間違ったこと。仲間と敵。不十分なものと、完全なもの。二つに分けることから、分断がはじまります。現在は分断の時代だという人もいますが、私はそうは思いません。**二項対立からニコイチへ。**「すべての対立は、一つのことの別の側面」と見ることができれば、争いは、平和と調和に変わるでしょう。もっとみんなで補い合う世界に変えましょうよ。

ソクラテス、プラトン、アリストテレスの時代から現代まで、西洋では、分解して分析して分類して理解するやりかたが発展しました。それによって科学技術も発展しました。だから現代の社会では、合理的・効率的に分解・分析・分類するやりかたが優れていると考えられがちです。しかし、西洋の弁証法も、中国の老荘思想も、インドの仏教哲学も、日本の八百万の神の思想も、そのもとになったアミニズムも、「分けるよりも統合しようよ」という考えかたです。分断よりも相互理解。分解ではなく組み立て。分析よりも総合。分類よりも全体の理解。分裂ではなく調和。部分よりも全体。一人よりもみんな。そんな**平和的・調和的・全体統合的世界観が、現代社会で求められている**のではないでしょうか。

もちろん、幸せと不幸も同様です。幸せか不幸かという二項対立ではなく、「幸せではない状態」も含めて「幸せ」です。分断ではなく、統合。

最初に述べたように、幸せとはめぐり合わせです。良いめぐり合わせも悪いめぐり合わせもあるように思える。しかし、**人生に、無駄なことは一つもありません。**表と裏です。悪く見えたことにもその裏側に必ず良い面があります。逆もそうです。そして、すべてのことは学びのヒント、幸せへの歩みのきっかけなのです。

つまり、「幸せではない状態」からも何かを学び取ることができれば、「幸せな状態」がもっとよくわかるようになります。

ですから、**いま悩みを抱えている人たちも、リラックスして、その状況を楽しむ勇気を持ってください。**

それは**ニコイチにとって大きな学びの機会**なのですから。

私は幼い頃から、夢多き子どもでした。妄想癖というべきかもしれません。「世界中の人がみんな争わず幸せに生きればいいのに」と思っていました。小学生の頃、「そうするにはどうすればいいんだろう」とばかり考えていました。

それから50年以上経ったいま、いろいろな経験を経て、いまではあの頃と同じことを考えたり発信したりすることを仕事にできていることを、幸せに思います。

そして、妻もそれにジョインしてくれたことが嬉しいですね。

幸福学の目的は、自分や妻、身近な人、そして苦手な人、嫌いな人、そして知らない人、人類みんなの幸せを実現することです。そのための研究・実践です。

私は、だいぶ前から妻に宣言しています。

「僕は、マドカを愛するように、世界人類を愛している」
と。妻はとても喜んでくれました。
「あなたの言いそうなことね。ぜひ、そうして！」と。

私の感覚では、妻と、世界中の生きとし生けるものは、同じなんです。たまたま世界のめぐり合わせによって、もっとも近くにいるのが妻。具体的にもっとも深く接しいろいろとかかわることができるのは妻ですが、他の人もすべて、この宇宙のなかでともに生きる人々なのだから、当然、妻と同じだけ大切なのではないでしょうか。もちろん、人間に限らず、動物も、植物も。そして、鉱物も、人工物も。

私たち人間は宇宙に存在する原子と分子からできています。これらは、百億年以上前に宇宙ができたときから宇宙にあります。原子と分子がさまざまなものとエネルギーに形を変えてきただけで、何も変わっていません。そして、あまたの原子と分子の一部が、たまたまいまは、私や妻や皆さんという人間を形成しているということなのです。奇跡的な偶然によって。

宇宙にあるすべてのものは、同じ宇宙の、同じ原子・分子から成る仲間。そんな世界中の人々や生き物やものが、自分やパートナーと同じだけ大切でない理由が私には思いつきません。だから、パートナーと同じくらい、世界中のすべての人を愛しているのです。

人類愛。

壮大な話だと思う方もおられるかもしれません。しかし、いたって普通のことです。やってみれば簡単です

誰にだって人類愛の感情を持つことはできるのです。いや、持つべきだと思います。なぜなら、先ほども述べたように、**あなたとあなた以外は、そんなに違うものではないからです。もっと言うと、あなたとあなた以外は、本来分けられない**ものだからです。

そして、この感情を持つことができたら、世界は安心でおだやかです。**あなたは、私。私は、あなた。すべてはありのまま、なすがまま。**

あなた自身を愛してください。大切にしてください。世界中の他のすべての人やものと同じように。あなたの尊い命を。

あなたのパートナーを愛してください。信頼し、尊重し、いとおしく思ってください。あなたの尊いパートナーを。

そして、**あなたと、あなたのパートナーへの思いを、世界に広げてください。**世界中の生きとし生けるものを愛してください。生きとし生けるものを、信頼し、尊重し、いとおしく思ってください。だって、あなたなんですから。あなたと、あなた以外は、二つで一つ。ニコイチなのです。

ニコイチとは、お花畑

夫の話は壮大ですね。ワンネス（世界は一つであること）を目指しています。一方で、私は、私と出会ったすべての人を大切にすることを起点に、**丁寧に世界を**

愛したいと思っています。もちろん、二つの考えは矛盾するものではありません。一般的に、男は抽象思考をし、女は具体思考をする傾向があると言われます。男は大きな夢を描き、女は目の前の幸せを見つめる。もちろん、そうではない方もいるでしょうが、私たち夫婦は典型的なこのパターンだと思います。そして、これはどちらが偉いとか正しいとかいうことではなく、補完関係です。ニコイチです。

心から、願っています。**あなたが、幸せでありますように。**いつも笑顔で、自分の心と体をいたわっていますように。つらいことがあっても、乗り越えられますように。

あなたのパートナーが、幸せでありますように。いつもあなたとのコミュニケーションが愛にあふれ、尊敬にあふれ、ポジティブな気遣いにあふれていますように。いろいろなことがあっても、それを通して二人で成長していけますように。

あなたの大切な家族がみんな幸せでありますように。みんな信頼し合っていて、安心・安全なあたたかい関係を築いていますように。たくさん対話して、わかり合えますように。

あなたの大切な友人や同僚の皆さんが、幸せでありますように。素敵な人たちの間に、笑顔と幸せが広がっていきますように。いちどしかないみんなの人生が、豊かで愛に満ちたものでありますように。

想像してみてください。**あなたは晴れわたった野に咲く一輪の花。**思いっきり、咲き誇っています。美しく可愛いですね。

そして、幸せは伝染ります。**あなたが幸せならば、あなたの周りは幸せです。**色とりどりの花たちが競い合って開花するように、彩り豊かな世界は広がっていくでしょう。

大小の丘に咲く、赤い花、黄色い花、青い花。大きい花と小さな花。みんな、なんて美しいんでしょう。そこには争いはなく、それぞれが個性を活かして生き生きと力強く育っています。

さわやかな風が吹きわたり、みんなが楽しそうに揺れています。地平線まで続くお花畑。幸せの輪は大きく広がり、世界中が愛に満ちあふれています。

そう。この世ははじめから楽園なんです。晴れわたった空の下、遥か彼方まで一面に花咲くカラフルなお花畑のように。

著者略歴

前野マドカ（まえの・まどか）

慶應義塾大学大学院システムデザイン・マネジメント（ＳＤＭ）研究科附属システムデザイン・マネジメント研究所研究員。ＥＶＯＬ株式会社代表取締役ＣＥＯ。ＩＰＰＡ（国際ポジティブ心理学協会）会員。サンフランシスコ大学、アンダーセンコンサルティング（現アクセンチュア）などを経て現職。前野隆司の妻。

幸せを広めるワークショップ、コンサルティング、研修活動およびフレームワーク研究・事業展開、執筆活動を行っている。「幸せな姑と嫁の関係」「幸せな夫婦」「幸せな家族」「幸せな仕事と家庭の両立」を実践しながら研究中。

著書に『月曜日が楽しくなる幸せスイッチ』（ヴォイス）がある。

前野隆司（まえの・たかし）

1962年山口生まれ、広島育ち。1984年東工大卒、1986年東工大修士課程修了。キヤノン株式会社、カリフォルニア大学バークレー校客員研究員、慶應義塾大学理工学部教授、ハーバード大学客員教授などを経て、2008年より慶應義塾大学大学院システムデザイン・マネジメント（ＳＤＭ）研究科教授。前野マドカの夫。

専門は、システムデザイン、幸福学、イノベーション教育など。

著書に『脳はなぜ「心」を作ったのか』『錯覚する脳』（筑摩書房）、『幸せのメカニズム　実践・幸福学入門』（講談社現代新書）『無意識の力を伸ばす８つの講義』（講談社）、『実践　ポジティブ心理学』（ＰＨＰ研究所）など。共著も多数ある。

ニコイチ幸福学《こうふくがく》

研究者夫妻《けんきゅうしゃふさい》がきわめた最善《さいぜん》のパートナーシップ学《がく》

2019年5月6日　初版発行

著　者　前野マドカ　前野隆司
発行者　小林圭太
発行所　株式会社 CCCメディアハウス
〒141-8205　東京都品川区上大崎3丁目1番1号
電話 販売 03-5436-5721　編集 03-5436-5735
http://books.cccmh.co.jp

装幀・本文デザイン・図版……西村健志
装　画…………………………fancomi
本文構成……………………塚越悦子
校　正…………………………株式会社円水社
印刷・製本…………………豊国印刷株式会社

ISBN978-4-484-19213-0